Valores Éticos

2º ESO

Valores Éticos

Educación Secundaria (2º ESO)

1ª edición: Mayo de 2016

Edición

© De esta edición: Diálogo - Tilde (EDITILDE S.L.) 2016
c/ General Urrutia, 12 – 10ª. 46006 Valencia
Tf. y Fax: 96 316 30 14
www.dialogo-tilde.es
editorial@dialogo-tilde.es

© Los autores: García Bello, Elvira; Gutiérrez Terol, Cosme; Marín Montiel, Victoria; Oca Barba, Marco Aurelio; Rus Hernández, César.,

Coordinación Editorial

Cristóbal Aguilar

Ilustraciones

Albert Esteve de Quesada

Diseño y maquetación

INNOVE

Impresión

GUADA Impresores

ISBN

978-84-96976-89-4

Depósito legal

V-1133-2016

Impreso en España - Printed in Spain

Índice

El Debate y la Redacción

En un libro de valores éticos no podían faltar actividades que te permitan expresar tu opinión de forma argumentada, por eso a lo largo del libro encontrarás dos tipos de actividades encaminadas a este fin: los debates que te proponen hacerlo oralmente, y las redacciones que te invitan a hacerlo por escrito. A continuación te ofrecemos algunas pautas para que sepas cómo hacerlo.

El Debate

Un debate es una discusión entre dos o más personas sobre un tema controvertido con la finalidad de intercambiar ideas y llegar a un acuerdo si es posible. El objetivo mínimo que se persigue en el debate es conocer qué dice el otro y por qué lo dice.

A lo largo del libro encontrarás diferentes propuestas de debate, pero también pueden surgir nuevos debates al hilo de alguna reflexión en clase. Los debates que aparecen en este libro están pensados para seis participantes, tres defendiendo una postura y tres defendiendo la contraria. El resto de la clase será el público y el profesor o profesora moderará el debate (establecerá los turnos de palabra, controlará que los participantes y el público respeten las normas, etc.)

Estructura del debate

Para realizar el debate podéis seguir los siguientes pasos:

1. Antes de empezar el debate se explica el título del tema y cada uno expresa su postura a favor o en contra del mismo.
2. Se escogen tres personas a favor y tres en contra y se les da un tiempo para prepararlo (puede proponerse en una sesión y realizarlo en la siguiente). El resto de la clase será el público y el profesor o profesora moderará el debate.
3. Cada grupo elaborará una exposición inicial (para la que dispondrá de 5 minutos) en la que expresará su opinión y expondrá sus argumentos en defensa de su postura, sin que el otro grupo le interrumpa. En este momento, cada grupo se puede adelantar a algún argumento contrario que sepamos que se va a utilizar y rechazarlo.
4. Se abre un turno de réplica para que cada grupo responda a los argumentos del otro (cada equipo tendrá dos turnos de réplica de tres minutos). Cada grupo señalará los argumentos en contra de su postura y, comparándolos con los suyos, tratará de demostrar que están equivocados.
5. Al final cada grupo presentará una conclusión (para preparar la conclusión cada equipo dispondrá de 3 minutos y 4 minutos para exponerla), que es un breve e intenso resumen de sus argumentos, y de las críticas esenciales a los argumentos contrarios, para terminar de convencer a los otros y al público.
6. Ahora se abre un turno en el que el público, es decir, la clase, podrá realizar preguntas que serán respondidas por los grupos.
7. Al final el público puede votar por quién ha dado los mejores argumentos o quién ha defendido mejor su postura y ha resultado más convincente.

Consejos:

1. Antes de empezar hay que preparar bien el debate, buscando información que pueda sernos de utilidad para defender nuestra postura.
2. Al preparar la exposición inicial piensa en los argumentos que puede tener el otro grupo. Así, te adelantarás a ellos y podrás responder mejor.
3. Una vez ha comenzado el debate debemos exponer tranquilamente nuestras ideas y respetar los turnos de palabra, gritar más fuerte no hace que tengamos más razón.
4. Procura no hacer exposiciones largas, interrumpir a tus compañeras y compañeros ni desviarte del tema central.
5. En el debate es tan importante hablar como escuchar por eso hay que oír atentamente los argumentos del equipo contrario y tomar notas para responder después.

La Redacción

Si en el debate debías expresar tu opinión oralmente, en la redacción debes hacer lo mismo por escrito. Pero como ya sabes que no se escribe como se habla, es importante que conozcas algunas pautas que te pueden orientar a la hora de realizar tu redacción.

Hazte preguntas sobre el tema.

Las redacciones que aparecen en este libro te piden, principalmente, opinar sobre algún tema. Por eso el primer paso debe ser leer atentamente el título de la redacción y preguntarte: ¿Cuál es mi opinión sobre ese tema?. Un buen recurso para iniciarla es convertir el título en una pregunta, si no tiene ya esa forma. Una vez tengas clara la respuesta puedes preguntarte: ¿Por qué pienso que esta es la mejor opinión sobre el tema? En la respuesta a esta pregunta están los argumentos que defienden tu postura y que tendrás que explicar en el desarrollo de la redacción.

Organiza la información

Una vez has respondido a estas dos preguntas, puedes empezar a escribir, organizando la información. Para ello es interesante que conozca cuál es la estructura de la redacción y qué debes contar en cada una de sus partes.

Toda redacción debe tener tres partes bien diferenciadas:

1ª: La introducción.

2ª: El desarrollo.

3ª: La conclusión.

La introducción es lo primero que se lee, por lo que produce la primera impresión y eso es importante. En esta parte, que debe ser menos de un cuarto del total, presentamos con brevedad el tema e indicamos de qué vamos a hablar y en qué orden.

El desarrollo. La introducción es como presentar un plan. Ahora hay que cumplirlo. Debemos desarrollar los temas que hemos presentado en la introducción y en el mismo orden. Expondremos nuestras ideas y las apoyaremos en datos si los tenemos.

La conclusión. Esta es la última parte que se lee, por lo que es la que más se recuerda, por tanto debe ser breve, intensa y brillante. ¿Cómo se introduce una conclusión? , depende, pero son muy recomendables las formulas: *"En conclusión…" "En suma…" "Por todo lo dicho…" "Resumiendo…"*etc. Por ejemplo: *"Resumiendo, hemos definido la inmigración como. ..y hemos expuesto que sus condiciones de llegada….que sus condiciones de vida y laborales aquí son… por lo que concluimos…"* Deben ser pocas frases, un resumen de las ideas más importantes y que queramos que el lector recuerde más vivamente.

Repasa lo que has escrito

Cuando acabes, lee tu redacción en voz alta, así comprobarás si está bien escrita o si hay algo que suena mal y debes cambiar. Corrige también las faltas de ortografía.

Algunos consejos:

1. Intenta no repetir siempre las mismas palabras.
2. No utilices palabras que no usas normalmente porque puedes equivocarte en su uso.
3. Utiliza correctamente los signos de puntuación y no olvides separar en párrafos las distintas ideas.

1 LA LIBERTAD

¿PUEDO HACER LO QUE QUIERA?

Desde que va al colegio, Manu compra los libros en la misma librería. Los dueños son amigos de sus padres. Pero este año ha decidido cambiar, les ha dicho que ya es mayor y puede decidir. Ahora los comprará donde sus amigos. Allí ha quedado con Jose, que le dijo que necesitaba hablar con alguien antes de empezar las clases.

—Hola Jose

—Hola Manu, ¿qué tal?

—Bueno... tirando.

—¿Preparado para mañana? ¿Cómo han ido las vacaciones? Al principio parecen largas, pero cuando te das cuenta ya han acabado. ¡Tengo unas ganas de ir al instituto... qué pereza!.

—Pues yo ni te cuento. Otra vez en 1°. No quiero ni imaginarme el día de mañana. Todos los niños del colegio. Callados y enanos. Manu, no sé qué hacer. Me pongo a imaginar y me quedo paralizado, me entran hasta ganas de llorar. ¡Paso de ir!

—No lo pienses Jose. Tú a lo tuyo. Te pones desde el primer día y te olvidas de tus compañeros. Además, creo que estaremos muy cerca. Hay clases de 1° y 2° que están al lado. Si tenemos un poco de suerte...

—Ya, ya, la teoría me la sé... Sí, suerte, eso es lo que necesito porque como me toque en clase con mi vecina, me muero. No te imaginas lo cría que es.

—¿Y cómo lo llevan en tu casa?

—Al principio se enfadaron mucho, ya te conté. Este verano me han hecho trabajar como si tuviera exámenes en septiembre. Pero desde hace unos días..., hoy mismo, mi padre me ha dicho que no me desmoralice, que no se acaba el mundo; no sé qué ha querido decir con esa palabra, pero parecía querer animarme.

—Jose, me tengo que ir. No le des más vueltas. Nos vemos antes de entrar a clase.

—Vale, hasta mañana.

1ª. ¿Te has encontrado alguna vez en el estado de ánimo en el que se encuentra Jose? En caso afirmativo descríbelo; en caso negativo describe con tus propias palabras el estado de ánimo de Jose.

2ª. ¿Sabrías explicar el concepto “desmoralizado” que Jose no entiende? ¿Qué le ocurre a una persona que está desmoralizada?

Actividades

Como ya habrás hecho en muchas ocasiones, las personas solemos decir de los otros que actúan bien o mal, pero ¿por qué decimos eso?, **¿qué es eso de "bueno" y "malo"?**

Los seres humanos llevamos a cabo múltiples tipos de acciones, pero hay un tipo que es exclusivo del ser humano. Cuando una persona puede elegir entre hacer una cosa o hacer otra y se pregunta sobre cuál es la decisión correcta está ejerciendo la capacidad que nos distingue del resto de mamíferos: la libertad. Los seres humanos somos **LIBRES** porque podemos decidir nuestras acciones. Los seres humanos actuamos en el mundo, transformamos el ambiente que nos rodea y nos relacionamos con otras personas.

Con la libertad se abre el espacio de la moral. **El ser humano es un ser moral.** Cuando hablamos de moral en este sentido nos estamos refiriendo a que el ser humano puede actuar de múltiples maneras en una misma situación, podemos elegir entre varias acciones, en suma, que es libre. Por ello nuestro **SER MORAL** no es algo postizo a lo que podamos renunciar. En la moral nos lo jugamos todo: una persona que está **DESMORALIZADA** no tiene la capacidad de tomar decisiones, de enfrentarse con lo que le rodea; tampoco es capaz de dialogar y apreciar a otras personas. Una persona desmoralizada es un individuo que se deja llevar, que ha perdido aquello que le define como humano: la capacidad de decidir libremente.

1ª. De la siguiente lista de acciones que llevan a cabo los seres humanos señala en cuáles crees que es necesario que el ser humano ponga en marcha su capacidad de tomar decisiones. Escoge una de las que hayas señalado y justifica por qué decimos que es una acción libre.

- Apretar el botón del ascensor.
- Pedir un refresco.
- Engañar a tus padres.
- Caerse por una ventana y llegar al suelo.
- Estudiar un examen.
- Masticar un alimento.
- Satisfacer necesidades fisiológicas.
- Mentir a un amigo.
- Estar destinado para una profesión.
- Comprar un coche.
- Leer un libro.
- Respirar.

Ángela Molina

NO ERES UN TÍTERE.
Puedes decidir, puedes elegir. Eres libre.

2ª. Cuando elegimos sabemos que podemos hacer las cosas bien o mal. Utilizamos las dos palabras en circunstancias muy distintas y con significados diferentes ¿Has pensado alguna vez qué significan esas dos palabras en cada caso?

A continuación señala en qué casos se utiliza la palabra "bueno" o "malo" en sentido moral y califica los otros sentidos:

- Pau Gasol es un buen jugador de baloncesto.
- No es bueno mentir a los padres.
- Comer fruta es bueno para la salud.

MORAL. Cuando tomamos decisiones, podemos tener éxito o, por el contrario, equivocarnos. Que ocurra una cosa u otra no depende exclusivamente de nosotros, pues vivimos en un contexto social, con otras personas que también tienen capacidad de elección e influyen. Junto a la capacidad de elección surge una nueva capacidad: la capacidad de valorar y de criticar racional y razonablemente. Los seres humanos somos capaces de vernos a nosotros mismos y evaluarnos y también de mirar hacia los otros, es decir, opinamos sobre lo que hacen los demás. Hacemos afirmaciones que aprueban o desaprueban nuestras acciones y la de los otros. El conjunto de las acciones y de las valoraciones que hacemos es lo que **llamamos moral**.

- Nunca había visto una pelota tan mala.
- Pegar a los padres está mal.
- ¿De dónde has sacado estos auriculares? ¡Son muy buenos!
- No es bueno mentir a los amigos.
- Este fin de semana vi una película muy buena.
- María es muy buena, me ayudó con los deberes de sociales.
- ¡Qué malo está! ¿Quién ha cocinado esto?

Ahora, haz una lista de 5 acciones que tú consideres buenas y 5 que consideres malas en sentido moral. Explica, al menos, una de cada tipo: por qué la consideras buena, por qué la consideras mala.

3ª. La moral la forman el conjunto de normas y valores creados a lo largo de la historia por el ser humano; todo aquello que consideramos bueno o correcto; y, como contrarios, incluye también todo aquello que consideramos malo o incorrecto. Escribe tres cosas que a lo largo de la historia hayan sido consideradas como moralmente buenas y que en la actualidad sean consideradas moralmente malas.

Por ejemplo, la esclavitud, ¿Qué es lo que ha cambiado, ¿Qué sigue igual?.

¿En qué pienso?	¿Qué ha cambiado?	¿Qué sigue igual?
La esclavitud	En muchos países es ilegal	Sigue habiendo en algunos lugares / Nuevas formas de esclavitud

La **AUTONOMÍA** moral es la capacidad de saber orientarnos en el mundo moral. Una persona autónoma es aquella persona capaz de pensar por sí misma y tomar sus propias decisiones. Ser autónomos nos brinda un sinfín de posibilidades de acción, pero también implica obligaciones.

La **HETERONOMÍA** es la incapacidad de auto-dirigirse y, por tanto, conlleva la necesidad de ser dirigidos por otro. Un niño es una persona heterónoma, un adulto es, teóricamente, una persona autónoma y un adolescente es quien está abandonando la heteronomía moral para ganar la autonomía moral.

4ª. En muchas ocasiones se oye que la libertad es "*poder hacer lo que me dé la gana*", pero como vamos viendo, la libertad es algo mucho más complejo. Saber usar la brújula no es fácil. Lee las siguientes historias, indica si estamos ante una persona autónoma o una persona heterónoma y explica por qué.

a. Javier trabaja en un bar. Esta mañana su jefe le ha dicho que había que dar salida a la tortilla de patatas como fuera. Un poco más tarde entró un cliente y pidió un bocadillo de tortilla de patatas, tomate natural y mayonesa. Javier dudó del estado de la tortilla, pero pensó en las órdenes de su jefe y en que la tortilla apenas se vería entre el tomate y la mayonesa. Lo sirvió.

b. Tengo 16 años y mañana acaba la matrícula para cursar un grado medio. Todo el mundo me ha dicho que puedo hacer bachillerato sin problemas, que es lo mejor para mi futuro. Pero yo no lo tengo tan claro. Siempre he querido ser carpintero, me encanta transformar la madera en cosas útiles y quiero hacerlo ya, no quiero esperar más. Lo tengo claro. Nada de bachillerato.

c. _Papá, quiero esas zapatillas. Lucas me ha dicho que las que me has comprado están pasadas de moda.

_ Pero hijo, la semana pasada me dijiste que querías estas.

_ Ya papá, pero no querrás que se rían de mí en el colegio, ¿no?

_ Entonces, ¿qué hago con ellas?

_ ¡¡Me da igual!

Todos los seres humanos queremos hacer lo que creemos necesario y mejor para lograr alcanzar una vida buena. Y para ello necesitamos a aquellos que nos rodean ya que los seres humanos estamos interrelacionados y lo que vamos haciendo con nuestra vida sólo es posible y se hace por y con otras personas. Vivir en sociedad no es simplemente vivir, sino **CONVIVIR**. Por ello afirmamos que la libertad del ser humano tiene límites; la convivencia consiste en respetar a cada ser humano en la medida en que es un ser libre, un ser que es capaz de decidir por sí mismo. Un individuo de la especie humana sin sociedad no es más que un animal y, como ya sabes, los animales no son libres, sino seres programados genéticamente para actuar de una manera determinada.

5ª. Como ya habrás experimentado, no podemos hacerlo todo solos. Muchas veces necesitamos ayuda para lograr un objetivo.

Formad parejas y elaborad una lista de proyectos (mínimo 3) que podríais llevar a cabo mejor juntos que separados o que simplemente ni podríais hacerlas individualmente. Por ejemplo: participar en una competición deportiva por equipos.

6ª. Todas las personas merecen ser respetadas por el simple hecho de ser personas. El respeto es el reconocimiento de la **dignidad** de todas las personas. Indica en qué situaciones se está respetando a las personas y en cuáles no.

- Una persona explota a otra para realizar algún tipo de actividad.
- Entregar fotos personales para ser admitido en un club deportivo.
- Una persona "sin papeles" es atendida en un hospital.
- Un conductor insulta a otro conductor por aparcar muy despacio.
- Un asesino es condenado a muerte por sus crímenes.
- Ceder el asiento del autobús a una persona mayor.
- Una niña cose balones de una marca muy conocida.
- Un ciudadano es engañado al invertir sus ahorros.
- Fichar a un niño de 11 años para un importante equipo de fútbol.
- Interrumpir a alguien cuando tiene el turno de palabra.

Reconocer la dignidad de las personas no es una mera declaración teórica. El respeto lo mostramos cada día, en cada acción que llevamos a cabo, pues siempre estamos en contacto con otras personas. La dignidad de las personas convierte la vida en sociedad en un especie de continuo **DIÁLOGO** con el que vamos construyendo el espacio de la moral "**comunicativa**". Dialogar significa escuchar lo que tienen que decir los otros y valorar aquello que dicen; respetar incluye criticar razonadamente, pues aunque todas las personas son valiosas por sí mismas, no todas las opiniones son igualmente válidas.

7ª. Seguro que hay opiniones que no compartes. Indica si estás de acuerdo o no con las siguientes afirmaciones y critícalas razonadamente de tal forma que en tus frases dejes claro **dos razones** por las que estás o no de acuerdo. Por ejemplo: comer sólo vegetales. Estoy de acuerdo… porque… y porque...; no estoy de acuerdo porque… y porque…

- Los adolescentes sólo piensan en el móvil.
- Las fiestas tradicionales con animales como atractivo deberían suprimirse.
- Los videojuegos fomentan la violencia.
- La educación obligatoria debería ser hasta los 18 años.
- Hay que poner una hora límite para hacer ruido en la calle.

Responsabilidad. Aunque suene un poco extraño, no solo dialogamos con los otros, sino también con nosotros mismos. Pensar en cuál es la mejor decisión que debo tomar consiste en un diálogo con uno mismo en el que vamos aclarando los pros y los contras de posibles decisiones. Todas nuestras acciones morales son fruto de la decisión y por ello debemos ser capaces de asumir las consecuencias. Las personas son **RESPONSABLES** de sus actos.

8ª. Debes poder responder de tus decisiones cuando te preguntan "por qué lo has hecho…". Vivir con otros exige poder dar cuenta de las propias acciones ante uno mismo y ante los demás. Indica en cuáles de las siguientes situaciones podrías decir que eres responsable y explica por qué.

- Unas lluvias torrenciales provocan inundaciones en medio Estado.
- Dejar un grifo abierto que provoca goteras en el vecino de abajo.
- Romper el cristal de una ventana mientras juegas con una pelota.
- Decir algo de alguien cuando no estás seguro de si es verdad.
- No sacar la basura; por la mañana olerá mal la cocina.
- Copiar los ejercicios de un compañero.
- Saltarte el turno en una cola.
- Reclamar maleducadamente a un camarero.

"¡Eres un irresponsable!" ¿Has escuchado alguna vez esa expresión? Llamamos **IRRESPONSABLE** a quien no es capaz de asumir las consecuencias de sus actos. Los bebés y los niños no son responsables de lo que hacen, pero llega un momento en el que el ser humano es capaz de justificar sus acciones y no hacerlo le convierte en un irresponsable. El arañazo de un bebé a su padre no es igual que el arañazo de un niño de 12 años a su padre. Algo ha cambiado.

9ª. Escribe una **redacción** que empiece con la siguiente frase: *"Mi libertad está limitada porque…"*

10ª Cuando hablamos de **VERGÜENZA** solemos pensar en algo relacionado con la timidez, el miedo a hablar en público o algo parecido. Pero también sentimos vergüenza cuando no somos capaces de responder por lo que hemos hecho y por ello se nos "turba el ánimo". De los siguientes casos indica en cuáles hablaríamos de vergüenza en sentido coloquial y en cuáles en sentido moral. Recuerda que en esta asignatura siempre hay que razonar la respuesta.

- Ponerse nervioso al hablar en público.
- El engaño a una persona con el fin de robarle.
- Un mal chiste contado por mi padre.
- Un compañero que acosa continuamente a otro compañero.

- En el pueblo hay una fiesta donde se tortura a los animales.
- Una metedura de pata ante el padre de un amigo.
- Conocer a una chica/o.
- Un amigo hace llorar a otro compañero.

Ahora trata de explicar con tus propias palabras qué es la *vergüenza ajena* en unas 100 palabras. Puedes utilizar ejemplos de tu vida para explicarlo.

Todo ser humano autónomo moralmente es consciente de las acciones morales que lleva a cabo; ser conscientes significa que nos damos cuenta de lo que hacemos, lo bueno y lo malo. De este modo se va configurando en nosotros la **CONCIENCIA MORAL**. Las acciones que consideramos como buenas acciones y las malas acciones, lo bueno y lo malo, no dependen exclusivamente de los individuos; la conciencia moral es un producto social: el resultado de un diálogo continuo entre los seres humanos. Nos avergonzamos de aquellas acciones morales de las que no somos capaces de responder ante los demás; y nos avergonzamos, también, cuando alguien no es capaz de responder de sus actos, pues su inmoralidad nos afecta como seres humanos.

12ª. Encuentra los siguientes conceptos en la **sopa de letras**: *instinto, libertad, genética, mamíferos, determinismo, salvaje, moral, autonomía, vergüenza, responsabilidad, sociedad, convivencia*. Agrupa los conceptos encontrados en columnas según se refieran al ser humano, a otros animales o a los dos.

D	T	L	I	B	E	R	T	A	D	E	L	K	F	M
S	Z	G	V	F	N	E	D	U	Y	M	A	K	L	N
R	T	G	I	W	H	Y	B	E	B	M	J	Ñ	G	B
E	A	M	G	E	B	L	A	R	O	M	R	H	Ñ	R
H	Z	A	I	C	N	E	V	I	V	N	O	C	C	S
H	E	K	W	A	Ñ	B	P	L	N	R	K	R	L	A
D	E	J	U	I	M	A	M	I	F	E	R	O	S	G
D	Ñ	T	H	Y	F	M	A	D	M	Z	R	Z	T	A
R	E	S	P	O	N	S	A	B	I	L	I	D	A	D
O	Z	E	U	N	K	H	C	C	P	K	R	R	E	M
Ñ	A	C	I	T	E	N	E	G	L	S	L	R	Y	K
T	A	M	S	U	Ñ	U	Z	K	X	V	N	D	Z	D
J	I	B	L	A	S	O	C	I	E	D	A	D	O	M
O	M	Ñ	J	J	L	I	Ñ	R	Ñ	K	H	T	I	D
F	O	A	U	K	D	V	G	E	D	U	N	Z	F	L
Q	N	S	B	M	D	U	A	Q	Z	I	D	V	C	G
L	O	O	M	Y	E	N	P	J	T	E	C	R	Q	M
G	T	B	U	N	O	G	O	S	E	M	K	A	R	T
H	U	T	Z	F	T	O	N	D	Y	C	I	Z	J	T
H	A	A	O	M	S	I	N	I	M	R	E	T	E	D

SOLUCIÓN

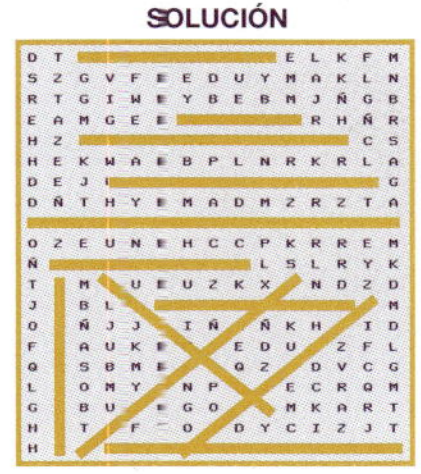

11ª. CRUCIGRAMA

Horizontal

2. Hacer que alguien haga algo utilizando la fuerza.
4. Se dice de aquél que decide por sí mismo.
5. Sentimiento de que no va a ocurrir nada malo.
7. Situación de un individuo o comunidad con autogobierno.
11. Libertad que puede ser de un estado o una persona.
12. Obtener la libertad pagando por un delito cometido.
13. Facultad que tiene el ser humano de obrar según su voluntad.

Vertical

1. Violencia física, psíquica o moral para obligar a una persona a hacer o decir algo contra su voluntad.
3. Escoger a alguien o algo entre varios.
6. Liberación de una potestad, tutela o servidumbre.
8. Cualidad de la persona que le lleva a comportarse con decencia y se hace respetar.
9. Librar a alguien de carga u obligación.
10. Acción del poder para impedir o castigar con violencia actuaciones políticas o sociales.

SOLUCIÓN

Horizontal.
2: Obligar.
4: libre.
5: Seguridad.
7: Autonomía.
11: Independencia.
12: Redimir.
13: Libertad.

Vertical.
1: Coacción.
3: Elegir.
6: Emancipación.
8: Dignidad.
9: Eximir.
10: Represión.

Textos

1º "[…] Ser responsable es saberse auténticamente libre, para bien y para mal: apechugar con las consecuencias de lo que hemos hecho, enmendar lo malo que pueda enmendarse y aprovechar al máximo lo bueno. A diferencia del niño malcriado y cobarde, el responsable siempre está dispuesto a "responder" de sus actos: "¡Sí, he sido yo!" El mundo que nos rodea, si te fijas, está lleno de ofrecimiento para descargar al sujeto del peso de su responsabilidad. La culpa de lo malo que sucede parece ser de las circunstancias, de la sociedad en la que vivimos, del sistema capitalista, del carácter que tengo (¡es que soy así!), de que no me educaron bien (o me mimaron demasiado), de los anuncios de la tele, de las tentaciones que se ofrecen en los escaparates, de los ejemplos irresistibles y perniciosos."

Fernando Savater, *Ética para Amador*

a. Haz un resumen del texto y utiliza los conceptos que has estudiado en esta unidad. Primero tienes que indicar el tema del texto en una palabra o frase breve; después di si el texto puede dividirse en partes y, finalmente, explica con tus palabras las ideas principales.

b. Describe una situación en la que te hayas descargado de responsabilidades sabiendo que no debías hacerlo.

2º. "Libertad es poder decir «sí» o «no»; lo hago o no lo hago, digan lo que digan mis jefes o los demás; esto me conviene y lo quiero, aquello no me conviene y por tanto no lo quiero. Libertad es decidir, pero también, no lo olvides, darte cuenta de que estás decidiendo. Lo más opuesto a dejarse llevar, como podrás comprender. Y para no dejarte llevar no tienes más remedio que intentar pensar al menos dos veces lo que vas a hacer; sí, dos veces, lo siento, aunque te duela la cabeza... La primera vez que piensas el motivo de tu acción la respuesta a la pregunta «¿por qué hago esto?» es del tipo de las que hemos estudiado últimamente: lo hago porque me lo mandan, porque es costumbre hacerlo, porque me da la gana. Pero si lo piensas por segunda vez, la cosa ya varía. Esto lo hago porque me lo mandan, pero... ¿por qué obedezco lo que me mandan? ¿por miedo al castigo?, ¿por esperanza de un premio?, ¿no estoy entonces como esclavizado por quien me manda? Si obedezco porque quien da las órdenes sabe más que yo, ¿no sería aconsejable que procurara informarme lo suficiente para decidir por mí mismo? ¿Y si me mandan cosas que no me parecen convenientes, como cuando le ordenaron al comandante nazi eliminar a los judíos del campo de concentración? ¿Acaso no puede ser algo «malo» —es decir, no conveniente para mí— por mucho que me lo manden, o «bueno» y conveniente aunque nadie me lo ordene?"

Fernando Savater, *Ética para Amador*

a. Localiza en el texto expresiones con las que podríamos referirnos a una persona moralmente heterónoma.

b. Haz un resumen del texto siguiendo las pautas del ejercicio anterior.

c. ¿Alguna vez has desobedecido lo que te han ordenado hacer? ¿Por qué? ¿Tenías motivos razonables para desobedecer? Contesta las preguntas escribiendo un texto que empiece con la siguiente frase: "No siempre hay que obedecer porque..." Poned en común vuestras respuestas.

Reflexión teórica

La libertad

Todos queremos ser libres. Imagina a alguien que te dijera: "No quiero ser libre, no quiero elegir ni decidir nada...prefiero no tener que elegir" ¿Qué le contestarías? El filósofo francés Jean-Paul Sartre escribió: "El hombre está condenado a ser libre". Nuestra vida como seres humanos está marcada por un hecho esencial: tenemos que elegir. ¿Qué deporte debo elegir? ¿Qué amigos quiero tener? ¿A qué me quiero dedicar? ¿Debo traicionar a mi amigo o contarle la verdad a un adulto? La **libertad** consiste, por tanto, en decidir si hacemos esto o lo otro. En la Antigüedad, la libertad era considerada en oposición a la esclavitud. Libre era aquél que podía hacer las cosas por sí mismo, que podía tomar sus propias decisiones.

Ser moral

Las acciones humanas pueden ser voluntarias o involuntarias. Cuando hablamos de aquello que hacemos movidos por nuestra voluntad, hablamos de acciones morales. Nosotros decidimos qué queremos hacer, qué queremos ser y en qué mundo queremos vivir. El ser humano pues es un **ser moral**, habita en un mundo moral, donde sus acciones pueden ser valoradas como justas o injustas, buenas o malas. Somos responsables de lo que hacemos y, por tanto, nuestras acciones serán aprobadas o reprobadas. Asumir las consecuencias de nuestros actos nos convierte inmediatamente en seres autónomos, libres y responsables.

Responsabilidad

La autonomía se gana y con ella se adquieren responsabilidades. Puede que hayas oído alguna vez la siguiente frase que aparece en Spiderman: "Un gran poder conlleva una gran responsabilidad". Esta frase nos recuerda la íntima relación que mantiene la libertad con la **responsabilidad**. Si somos libres para actuar y para tomar decisiones, entonces debemos hacernos cargo de las consecuencias de dichas acciones o decisiones. Y a la inversa, si somos responsables es porque hemos tenido la libertad suficiente para decidir hacer algo o no. No podemos sentirnos responsables de aquello que está fuera de nuestro alcance. La libertad conlleva poder hacer algo y asumir sus consecuencias. A Spiderman se le plantea la pregunta: si puedo hacerlo, ¿debo hacerlo? Pero, ¿qué guía nuestra voluntad? ¿qué nos empuja a actuar? Uno de los elementos que interviene en nuestras decisiones es la emoción. Las emociones condicionan nuestra voluntad. Cuando el profesor te cae bien, hace que la asignatura te parezca más agradable. Querer o no querer depende de cómo nos sentimos ante algo. Alguien **desmoralizado**, se siente sin ánimo, pierde la voluntad, carece de la fuerza necesaria para decidir y para asumir consecuencias. Cuando uno se siente a gusto cree poder hacerlo todo, se siente lleno de la energía necesaria para tomar decisiones, se dice de él que tiene "la moral bien alta", que es autónomo.

La sociedad

Pero nadie está solo. Llegamos a ser lo que somos junto a otros. Por ello podemos afirmar que el ser humano es un ser social. Nos necesitamos los unos a los otros para poder vivir. Desde el momento en que nacemos nos encontramos inmersos en la **sociedad**. Para poder satisfacer nuestras necesidades primarias como alimentarnos, vestirnos, tener un lugar en el que habitar... necesitamos a los demás. Piensa en tu nombre, en tu ropa, en lo que comes cada día... piensa en la cantidad de personas que hay detrás de cada una de estas cosas... rápidamente te darás cuenta de cuánto dependes de otros para vivir. Pero no solo para satisfacer esas necesidades dependemos de la sociedad. Adquirimos el lenguaje y nuestras ideas y creencias en contacto con los otros. Las películas que vemos, los libros que leemos, la música que escuchamos son tan sólo algunas de las cosas que dependen de otros.

Convivencia: dignidad y respeto

Por tanto, no solo nos necesitamos para vivir, sino que tenemos que convivir. La **convivencia** requiere que en el uso de nuestra libertad respetemos a los demás y nosotros seamos respetados. Por ello, la convivencia en sociedad se encuentra regida por normas que hacen posible que seamos libres. La libertad establece lo que puedes y no puedes hacer. Así, nuestra libertad tiene unos límites que aparecen cuando aparece el otro. Con el fin de solucionar los conflictos y hacer posible la convivencia, los seres humanos hemos inventado las normas y las leyes. Toda norma tiene dos caras, como una moneda; por un lado limitan nuestras libertades y por el otro las posibilitan. La limitación que me impone la ley de no agredir a nadie garantiza mi libertad de vivir sin ser agredido.

La convivencia no es fácil. Todos tenemos nuestros propios deseos y pasiones, nuestros sentimientos y emociones, nuestras razones, nuestras aspiraciones y fines. Cada persona tiene unas características propias que le hacen ser quien es: un individuo especial y único. Y como tal, tiene que ser respetado. La convivencia exige el **respeto** de la **dignidad** propia de cada uno de nosotros. La consideración de dicha dignidad constituye el respeto.

PELÍCULA

JÓVENES AVENTUREROS (Wild America, 1997)

FICHA TÉCNICA

Título original: Wild America

Año: 1997

Duración: 106 min.

País: Estados Unidos

Director: William Dear

Reparto: Jonathan Taylor Thomas, Devon Sawa, Scott Bairstow, Frances Fisher, Jamey Sheridan, Tracey Walter, Don Stroud, Zack Ward Productora Morgan Creek Productions Género Aventuras | Naturaleza. Animales. Familia. Años 70. Basado en hechos reales

Sinopsis: Basada en una historia real, relata la historia de 3 hermanos de una familia de Arkansas que hicieron todo lo posible por conseguir sus sueños. Los Stouffer tienen dos pasiones: las películas caseras y los animales. Un verano pedirán prestado dinero a su padre y se irán por la salvaje América a filmar peligrosos animales en su propio entorno, corriendo no pocas aventuras.

DIÁLOGO

Menudo caos. En la clase de segundo de la ESO todos hablaban a la vez... mejor dicho: gritaban. Hacía dos semanas que habían comenzado el curso y llegaba el turno de elegir delegado. No había manera de ponerse de acuerdo.

—¿Quién quiere presentarse? —preguntó César, el tutor, y 16 manos se levantaron entre gritos... y en la clase son 30... ¿Estáis seguros? el delegado tiene que ir a las reuniones con el jefe de estudios y si se da el caso, tiene que ir a las reuniones de evaluación como representante vuestro y son por la tarde...

Nueve alumnos bajaron la mano. Era un principio... Entonces el tutor empezó a decir cuáles tenían que ser las cualidades del mejor delegado:

—Tenéis que buscar a alguien responsable y en quien confiar...

—Tú lo que quieres es que salga Carla, como el año pasado –dijo Salva. Tenía razón. Carla era una excelente delegada, era la mejor estudiante... César se dio cuenta de que le habían pillado... los chicos habían espabilado desde el año pasado.— Queremos alguien que nos defienda.

—Pues votadme a mí que me los conozco —era Alejandro, que repite curso y empezaba a hacer de líder de un grupillo. La cosa se iba de las manos.

1ª. ¿Qué piensas de la situación? ¿Crees que el clima de la clase es el mejor para un diálogo y un acuerdo? ¿Cómo lo mejorarías?

2ª. ¿Cómo crees que ha de ser un delegado?

3ª. ¿Crees que César intenta manipular la elección? ¿Te parece justo? ¿Por qué?

4ª. Termina la historia buscando una solución a la elección de delegado.

Actividades

La libertad personal acaba donde empieza la de los demás. **Vivimos en sociedad** y muchas decisiones que tomamos dependen de los otros. Muchas veces no nos dejan participar en las decisiones, otras veces las decisiones se toman por **acuerdo**. La primera condición para llegar a un acuerdo, es querer alcanzarlo, aunque muchas veces lo que ocurre es que la gente simplemente quiere tener razón.

Ante una situación en la que cada parte tiene intereses diferentes, una salida es establecer un diálogo que nos dirija hacia un punto en común. Ese punto en común es a lo que llamamos acuerdo. **El acuerdo** supone llegar a un compromiso en el que ambas partes tienen que renunciar a algo. De lo contrario, una parte estaría forzando a la otra, lo que sería una imposición. Aunque hay veces en que la autoridad es necesaria con el fin de asegurar la protección y el bienestar de aquella parte que en la negociación es más vulnerable. Por ejemplo, los niños.

1ª. A continuación te proponemos una serie de problemas cotidianos y posibles soluciones:

Caso 1. Tus padres no te dejan jugar a la Play porque dicen que tienes que estudiar:

- Dejas de jugar y estudias.
- Les dices que vas a estudiar pero si no están en casa sigues jugando.
- Llegáis a un acuerdo: por cada hora de juego una hora de estudio.

Caso 2. En tu grupo de amigos habéis decidido ir al cine, pero no os ponéis de acuerdo:

- Se hace lo que dice Sofía, que es la más guapa del grupo y una mandona y se termina siempre haciendo lo que ella quiere.
- Votáis y decidís a qué película ir.
- Os dividís en dos grupos según la película que queráis ver.

Caso 3. En clase estáis decidiendo dónde ir de viaje de fin de curso. La mayoría de los alumnos quieren ir a Mallorca, pero el profesor dice que no, que allí solo hay fiesta y que tiene que ser un viaje cultural.

- El profesor decide dónde ir.
- Se decide otro destino.
- No se hace el viaje.

A partir de estos casos (1,2 y 3) clasifica las soluciones en estos grupos:

Se llega a un acuerdo.	Caso 1: Caso 2: Caso 3:
Se hace lo que impone unos.	Caso 1: Caso 2: Caso 3:
Cada uno hace lo que le da la gana.	Caso 1: Caso 2: Caso 3:

2ª. Tomemos los casos de la actividad anterior:

Caso 1:

- ¿Qué quieren tus padres? Que estudies y apruebes, aunque saben que prohibirte jugar es una exageración.
- ¿Qué quieres tú? Que te dejen jugar algo, aunque sabes que tienes que estudiar para aprobar.
- ¿Qué puedes ceder tú? Horas de juego.
- ¿Qué pueden ceder tus padres? Horas de estudio.
- Posibles acuerdos: por cada hora de juego una hora de estudio (se podía haber llegado a este u otro acuerdo).

A partir de aquí, analiza siguiendo ese esquema cada uno de los casos 2 y 3. Puedes proponer acuerdos alternativos:

Caso 2:

- ¿Qué quiere una parte?
- ¿Qué quiere otra parte?
- ¿Qué puede ceder una parte?
- ¿Qué puede ceder la otra parte?

Posibles acuerdos:

Caso 3:

- ¿Qué quiere una parte?
- ¿Qué quiere otra parte?
- ¿Qué puede ceder una parte?
- ¿Qué puede ceder la otra parte?

Posibles acuerdos:

Racionalidad del diálogo: en el último siglo, conforme se han extendido las democracias, la humanidad se ha dado cada vez más cuenta de que la mejor forma de organizarse socialmente es el diálogo y el acuerdo consensuado. Ese diálogo tiene tres condiciones básicas: **1.** Ausencia de coacción, es decir, que todos puedan decir lo que quieran sin temor a las represarías. **2.** Que todos dominen la lengua que se habla. **3.** Que se quiera llegar a un acuerdo, es decir, que haya la voluntad de encontrar una solución conjunta

3ª. Haz una lista de cinco personas de tu entorno que crees que tienen autoridad sobre ti:

¿Por qué tienes que obedecer? Ahora contesta las siguientes preguntas:

- Si tus padres te ponen un límite de hora cuando sales, tienes que obedecer o no porque...
- Si un compañero te pide tus apuntes...
- Si un profesor te expulsa de clase...
- Si un amigo te pide tu opinión sobre algo...
- Si un policía no te deja cruzar un paso de peatones...

4ª. En la actividad **1ª**, hay dos casos en los que interviene la autoridad, es decir, dos casos en los que una de las partes, si quiere, puede imponer su voluntad ¿Cuáles y por qué?

Por escrito: da tú opinión personal sobre esta autoridad: ¿es necesaria?, ¿es conveniente?, ¿se debe ganar o es por naturaleza?, ¿se debe obedecer siempre?, ¿se puede discutir?, etc.

5ª. Normalmente, la autoridad es la que impone muchas de las normas, pero otras se pueden decidir por consenso. Un ejemplo es el propio instituto. A continuación hay algunos temas que pueden ser objeto de discusión. Dividíos en grupos y haced las preguntas del ejercicio **2** a profesores, alumnos y conserjes, y luego ver si cambiaríais en algo cómo funciona el instituto, atendiendo a las razones que da tu profesor:

- Si se puede ir o no al baño en horas de clase.
- Si se puede usar el móvil en clase.
- Si se puede salir del instituto en el descanso o no.
- Si no se puede dejar que un alumno llegue tarde a clase.

Los fines del acuerdo: para llegar a acuerdos y consensos es importante que todos los que participen en el diálogo quieran llegar a la solución que consideran mejor para todos. Es decir, han de considerar la postura de los demás. No se trata de que cada uno intente llegar a la solución que a él le interese más.

6ª. A pesar de que sois menores de edad, es importante tener siempre en cuenta vuestra opinión, sobre todo cuando las decisiones que se vayan a tomar os incumben:

Comenta los siguientes derechos:

- "Los niños tienen, como los adultos, el derecho a tener una opinión, expresarla y reunirse para compartir su punto de vista".
- "Los niños tienen el derecho a tener una opinión diferente a la de sus padres".
- "La libertad de expresión de los niños implica igualmente su derecho a la información".
- Los niños pueden elegir libremente la religión o la convicción política, desde el momento en el que alcancen un nivel suficiente de discernimiento."

El acuerdo democrático: lo ideal es alcanzar un consenso absoluto, pero muchas veces no se da. Entonces lo normal es que se decida por mayoría, es decir, se haga lo que decida la mayoría. Es una buena solución, aunque tiene límites, el respeto a las minorías, por ejemplo, no se puede imponer nada en contra de los derechos y libertades de cada uno.

7ª. El sábado por la tarde has quedado con tus amigos, pero no sabéis qué hacer. Hay dos propuestas: ir de compras o ir a una heladería a merendar. El grupo está dividido pero al final se vota y una mayoría decide ir a la heladería. Tú querías ir de compras. ¿Qué haces?

a. Propones que los que queríais ir de compras dejéis a los otros y os vayáis de compras:
¿Qué ventajas te supone esta decisión? ¿Te gustaría que los otros también hubiesen hecho como tú en su caso?¿Por qué?

b. Decides ir con todos:
¿Qué razones se te ocurren para hacer eso? ¿Quién sale más perjudicado por tu decisión, tú o el grupo? ¿No es eso renunciar a tu libertad? ¿Por qué?

Ambas soluciones son válidas, la primera opción te reafirma en tu libertad y la segunda refuerza la decisión democrática y al grupo. Sin embargo, en la vida hay que sopesar si aceptar la decisión de la mayoría, o ser fiel a lo que uno cree y no es algo fácil.

8ª. A continuación tienes dos frases, una de ellas seguro que te suena:

- "Y si tus amigos se tiran por un puente, tú te tirarías". Tu madre.
- "La democracia es la necesidad de doblegarse de vez en cuando a las opiniones de los demás". W. Churchill

¿Qué crees que significa cada una de ellas?

9ª. A continuación tienes una serie de ejemplos y decisiones sobre las que se puede establecer acuerdos. De estos problemas, ¿cuáles crees que se pueden solucionar por un acuerdo democrático y cuáles no?, ¿Por qué?

- El delegado de clase.
- Donde ir en Nochevieja con los amigos.
- La ropa que llevar al instituto.
- El día de un examen.

10ª. **El diálogo y el respeto**: cuando se producen debates en clase a menudo termina todo en un caos como en la historia del inicio. A continuación tienes una lista de actitudes, ¿actúas así en el diálogo? Sé sincero…

- Levantas la mano y esperas tu turno.
- Interrumpes a los demás. Chillas.
- Te ríes de cómo hablan los demás.
- Escuchas a los demás cuando hablan.
- Te pones a hablar con el compañero en vez de hablar para toda la clase.
- Te pones a hacer otras cosas en vez de seguir el debate.
- Guardas silencio mientras los demás hablan.

A partir de esto, establece las reglas que consideras que se debe seguir en un diálogo en clase. A continuación haced una puesta en común respetando las reglas. (mira la introducción)

11ª. Redacción: hace dos semanas el profesor de inglés puso el examen para esta semana. Se votó en clase y se decidió hacerlo el jueves, pero ahora la clase ha decidido cambiarlo para el viernes. Tú te has preparado para el jueves, porque el viernes tienes un examen en el Conservatorio. ¿Crees que es justo que cambien ahora la fecha? 180 palabras

12ª. SOPA DE LETRAS. Encuentra los siguientes conceptos: ACUERDO, CEDER, COACCIÓN, CONSENSO, DERECHOS, DIÁLOGO, INTERCAMBIAR, PACTO, RACIONALIDAD.

A	M	Ñ	T	F	Ñ	R	O	U	W	N	H	M	U	P
J	I	O	V	D	R	Ñ	Ñ	G	X	O	P	C	I	Ñ
B	B	X	H	N	E	N	P	F	O	Q	O	X	T	J
A	M	B	A	X	T	U	H	J	G	L	R	X	L	Y
N	A	X	D	U	K	T	H	K	E	B	A	P	A	U
X	G	R	Y	Y	O	Z	C	Y	O	E	C	I	H	Q
K	L	A	O	V	S	L	R	J	R	X	I	D	D	Q
K	B	I	N	H	N	Y	E	C	D	G	O	A	U	Ñ
S	E	B	N	G	E	N	D	S	Y	D	N	T	K	O
O	Ñ	M	J	W	S	O	E	T	E	C	A	N	E	D
J	T	A	R	X	N	I	C	R	G	Ñ	L	U	D	R
S	O	C	L	N	O	C	E	T	D	Y	I	L	K	E
Ñ	R	R	A	U	C	C	K	V	A	A	D	O	L	U
K	P	E	G	P	H	A	T	Q	R	W	A	V	K	C
F	D	T	J	O	L	O	X	B	R	G	D	F	D	A
K	L	N	S	U	S	C	D	B	X	I	M	A	E	J
J	Y	I	T	N	N	O	L	K	J	G	R	A	I	T
Ñ	D	P	Z	X	Z	Z	V	U	X	C	W	S	W	X
W	M	Q	U	C	N	Z	Ñ	W	O	C	W	J	L	F
G	R	N	Q	Y	I	G	U	V	B	P	B	Q	L	M

SOLUCIÓN

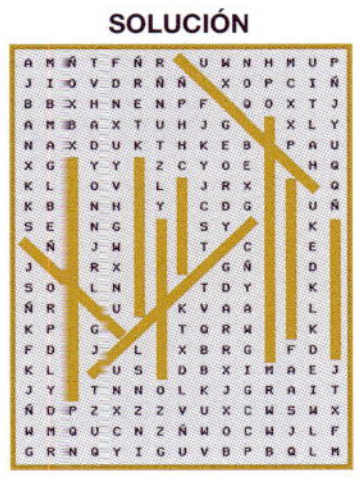

13ª. CRUCIGRAMA

Horizontal

2. Decisión tomada en común por varias personas sobre algo.
4. Firme seguridad de una persona sobre la verdad de lo que piensa.
7. Conversación reiterada entre varias personas defendiendo opiniones distintas.
11. Se dice de la persona que actua según la razán y no se deja llevar por sus impulsos.
13. Poder mandar sobre alguien, tambien la persona que posee ese poder.

Vertical

1. Responsabilidad u obligación que se contrae voluntariamente.
3. Aceptar las condiciones de otro en parte o en todo.
5. Diálogo para llegar a un acuerdo, también, órgano político donde se elaboran leyes.
6. Expresar el desacuerdo sobre una opinión, situación o decisión.
8. Conversación entre dos o más personas que exponen sus ideas, también nombre de una editorial.
9. Manera personal de pensar sobre algo.
10. Resolución positiva o final de un proceso, acción o problema.
12. Expresarse o comunicarse una persona mediante palabras.

SOLUCIÓN

Horizontal:
2: Acuerdo.
4: Convicción.
7: Controversia.
11: Razonable.
13: Autoridad.

Vertical:
1: Compromiso.
3: Ceder.
5: Parlamento.
6: Discrepar.
8: Diálogo.
9: Opinión.
10: Solución.
12: Hablar.

Textos

1º. ""Aprende a distinguir el deseo de dialogar del empeño por tener razón si no quieres que tu vida se convierta en una pelea eterna y agotadora" *violencevintage Twitter*

a. Reflexiona sobre el tweet:¿Estás de acuerdo en que empeñarte en "tener razón" puede llevarte a no intentar dialogar?

2º. ""Buenas, soy Emilio Calatayud. En los últimos días dos maestras han sido agredidas en Andalucía. Uno de los casos ha ocurrido aquí en Granada, en un pueblo cercano a la capital, donde una madre ha golpeado a una maestra de infantil delante de los alumnos, una auténtica vergüenza. Tenemos que reforzar la autoridad de los maestros y para eso debemos quitarnos el complejo de joven democracia. Hemos confundido autoridad con autoritarismo y hemos pasado de don José o doña Josefa a Pepe y Pepita. Así que no es extraño que haya padres que no se crean que los maestros son una autoridad y que si les agreden están cometiendo un delito de atentado."

a. Busca información sobre Emilio Calatayud.

b. ¿Qué diferencia hay entre autoridad y autoritarismo?

c. ¿Qué significa que los maestros son "una autoridad"?.

3º. "Debido a su edad, los niños no pueden votar ni ser elegidos. Sin embargo, dado que son ciudadanos en crecimiento y que serán los actores de las sociedades del mañana, es fundamental informarlos sobre sus derechos y sobre las problemáticas y los retos actuales. Esto permite formar a los futuros ciudadanos e instaurar un diálogo entre las diferentes generaciones para contribuir a la preservación de los principios democráticos de las sociedades.'

a. ¿Crees que la asignatura "Educación en valores" que estamos estudiando contribuye al "diálogo entre generaciones"?

Reflexión teórica

Sociedad y democracia

El ser humano es un ser social. Para desarrollarnos vivimos en sociedad y necesitamos al otro igual que el otro nos necesita a nosotros. Hay muchas formas de organizarse en sociedad, pero nuestra sociedad se organiza democráticamente. Es decir, que es el pueblo el que gobierna y el que elige a sus gobernantes.

PERO la democracia no CONSISTE SIMPLEMENTE EN elegir a los que nos gobiernan, también significa vivir democráticamente, esto es, hacer del acuerdo y el consenso la mejor vía para vivir en sociedad. Eso significa que en cada decisión se ha de tener en cuenta a todas las partes, a las minorías y a los débiles y necesitados, no sólo a las mayorías. Para eso la mejor vía es el diálogo. Los problemas sociales y políticos se deben afrontar desde el diálogo. En el fondo, en una sociedad moderna y democrática estamos de acuerdo todos en muchas más cosas de las que creemos. Se trata de vivir todos juntos, cada uno ejerciendo su libertad personal, pero respetando la de los demás.

El diálogo y sus reglas

El diálogo tiene reglas. Unas son evidentes y te las han enseñado desde pequeñito: guarda turno para hablar, escucha a los demás cuando hablen, no te burles de ellos por lo que dicen, etc. Sin embargo, hay reglas más profundas e importantes:

- El lenguaje: todos han de conocer la lengua que se emplea. En ese sentido, hay que respetar la manera de expresarse de los demás, sus acentos o léxico si vienen de otro país o región. Si en tu sociedad se hablan dos lenguas, has de respetar al que quiere expresarse en una u otra lengua. Lo importante es que todas la conozcan.
- La ausencia de coacción: el diálogo ha de ser libre. Todos han de poder decir lo que piensan sin miedo a represalias por lo que se dice. En ese sentido, la autoridad, en tu caso, padres y profesores, han de respetar tus ideas, y tú debes respetar al otro.
- Querer llegar a un acuerdo: esta es la más importante. Se trata de que se quiera realmente llegar a un acuerdo que beneficie a todos o al máximo de gente. Si entras en una discusión solo para tener razón o imponer tus ideas, será imposible llegar a acuerdos. Además, hay que tener una verdadera voluntad de que ese acuerdo al que se llegue sea lo mejor.

La actitud ante los acuerdos

Cuando se ha llegado a un acuerdo, todos los que lo aceptan deben cumplirlos: pacta sunt servanda, que quiere decir, que el pacto obliga. Por lo tanto, cuando has aceptado un acuerdo has de respetarlo, porque esperas que los demás lo hagan.

¿Quiere decir que siempre has de obedecer a la mayoría? Eso depende, como iremos viendo a lo largo del libro. Evidentemente tenemos unos derechos y libertades a los que no podemos renunciar. Pero cuando has aceptado la vía democrática para solucionar un problema, has de asumir que si la mayoría ha decidido algo, aunque no sea lo que tú querías, tienes que aceptarlo. Ya habrá otra ocasión en la que estés de acuerdo con la mayoría.

La mayoría no siempre acierta.

Pero todo esto no ha de conducirnos a error. Cuando una mayoría no está de acuerdo con lo que tú piensas, no quiere decir que debas cambiar de opinión. La mayoría no siempre acierta, a veces, sencillamente se equivoca, por eso uno nunca ha de perder su capacidad y su actitud crítica. Es decir, las decisiones mayoritarias o los acuerdos no son la mejor opción porque garanticen que se va a acertar en la solución de un problema, son la mejor opción porque es la manera de tomar decisiones de forma legítima.

PELÍCULA

INVICTUS (Invictus The Human Factor, 2009)

Título original: Invictus (The Human Factor).

Año: 2009.

Duración: 134 min.

País: Estados Unidos.

Director: Clint Eastwood.

Guión: Anthony Peckham (Libro: John Carlin)

Música: Kyle Eastwood, Michael Stevens.

Fotografía: Tom Stern

Reparto: Morgan Freeman, Matt Damon, Tony Kgoroge, Julian Lewis Jones, Adjoa Andoh, Patrick Mofokeng, Matt Stern, Leleti Khumalo, Marguerite Wheatley, Scott Eastwood

Basado en hechos reales. Años 90.

Sinopsis: Adaptación de un libro de John Carlin (Playing the enemy). En 1990, tras ser puesto en libertad, Nelson Mandela (Morgan Freeman) llega a la Presidencia de su país y decreta la abolición del "Apartheid". Su objetivo era llevar a cabo una política de reconciliación entre la mayoría negra y la minoría blanca. En 1995, la celebración en Sudáfrica de la Copa Mundial de Rugby fue el instrumento utilizado por el líder negro para construir la unidad nacional.

EL LENGUAJE MORAL

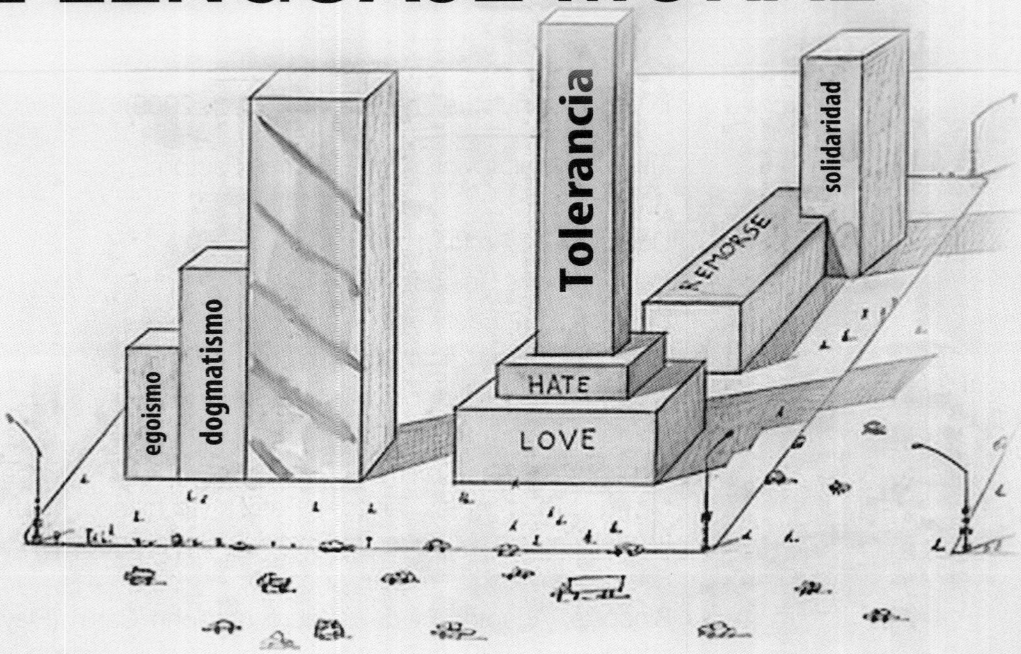

Sandra y Lidia han quedado para estudiar el examen de matemáticas. Lidia es bastante buena en matemáticas y Sandra le ha pedido que le ayude con algunos problemas que no sabe cómo resolver. Como la madre de Sandra es muy maja, les deja estudiar en el salón de su casa, siempre y cuando saquen a pasear a Trotsky por el parque.

-¿Qué te parece si sacamos a Trotsky a pasear antes de acabar con los ejercicios? Así mi madre no podrá quejarse...

-¡Claro!, además, puede que nos encontremos con Manu...¿no vivía por tu barrio?

-Sí, tan sólo a dos calles de la mía.

-Aunque..., a lo mejor es mejor que no nos lo encontremos.

-¿Por qué dices eso?

-Nada, el otro día discutí con él por algo que pasó en clase de Sociales.

-Cuenta, cuenta...

-Pues que Roberto no me parece buen profesor... Ha seleccionado a un grupo de siete alumnos para participar en una excursión; es para asistir a un juicio. No sé en qué criterios se basa, ya que ha elegido a los "mejores" alumnos, cuatro chicas y tres chicos... y yo que tengo la segunda mejor media de la clase me quedo sin ir... dice que soy "demasiado revoltosa" para ir. Creo que no está bien, debería seleccionar a los alumnos que mejores notas hemos sacado, independientemente de si le caemos bien o mal, ¿no crees?

-Es que eres tan mirada, chica, pero si seguro que es un rollazo...

-Encima Manu me viene con que Roberto es el mejor profesor que tenemos... claro, él es uno de los elegidos... "Roberto es muy buena persona", me dice... Eso se cree él, que siempre le está haciendo la pelota. Yo no lo creo. Y aunque sea buena persona, eso no tiene nada que ver con que haga bien su trabajo...

-Bueno Lidia, esa es su opinión... tendrás que respetarla. ¡Mira por allí anda Manu! Menuda coincidencia, ¿no?

1ª. ¿Tú qué opinas? ¿Estás de acuerdo con Lidia? ¿Crees que Roberto es buen profesor?

2ª. ¿Qué es para ti una buena persona? ¿Qué cualidades tiene que tener? ¿Cómo se comporta una "buena persona"? ¿Ser una "buena persona" tiene algo que ver con el trabajo?, ¿se puede ser buena persona y mal profesional?

Actividades

Los seres humanos nos expresamos con el lenguaje, sea verbal o corporal. Nuestras preferencias o nuestras críticas las realizamos a través del lenguaje. Cuando manifestamos nuestra aprobación o desaprobación, cuando criticamos razonadamente o cuando describimos algo construimos juicios. Hay varios tipos de juicio y aquí nos centraremos en un determinado tipo: los JUICIOS MORALES. A través de ellos lograremos averiguar qué es eso de los valores. Analizando el uso del lenguaje podemos sacar a la luz nuestra manera de ver las cosas, nuestra forma de valorar.

1ª. Hacemos cosas con las palabras de muy diferentes maneras. Agrupa las siguientes afirmaciones de acuerdo con la siguiente tabla:

JUICIOS QUE DESCRIBEN	JUICIOS QUE VALORAN

- En el museo del prado hay más de 7000 cuadros.
- Las ballenas respiran a través del espiráculo.
- Lang Lang es un buen pianista.
- Steven Spielberg dirigió "Las aventuras de Tintín".
- Las películas de animación son muy entretenidas.
- Es mejor sufrir una injusticia que cometerla.
- Ayer se alcanzó la temperatura mínima del año: -2C°C.
- Los cuadros de Picasso me gustan mucho.
- A veces no es justo tratar a todos por igual.
- Mi padre se ha comprado el mejor *smartphone* del mercado.

2ª. Los **juicios de valor** pueden ser, a su vez, de diferentes tipos. Cuando decimos que algo es bueno lo podemos hacer desde diferentes perspectivas: no es lo mismo un buen cuchillo que una buena persona. Ahora transcribe los juicios que hayas establecido como juicios de valor en la actividad anterior según la siguiente tabla y añade un par de ejemplos tuyos de cada tipo

JUICIOS ESTÉTICOS	JUICIOS MORALES	JUICIOS DE UTILIDAD

En los juicios como los que acabamos de ver mostramos nuestras preferencias por las cosas, por las personas o por sus acciones. Esas preferencias vienen marcadas justamente por los VALORES que tenemos. Por ejemplo, si un profesor trata a los alumnos injustamente, estamos teniendo en cuenta la Justicia como valor a la hora de evaluar dicha conducta; si afirmamos que un cuadro es bello, entonces estamos poniendo en juego el valor de la Belleza. Los valores son la brújula que guía nuestros juicios y nuestras acciones. Como has visto en el ejercicio anterior hay valores estéticos, utilitarios y político-morales. Estos son los valores de los que nos ocupamos en esta asignatura.

3ª. Lee bien los siguientes textos y descubre cuál es la palabra que, en cada uno de ellos, es sustituible por la palabra valores sin alterar el sentido[1].

- "En las fábulas tradicionales de casi todos los pueblos aparecen animales ejemplificando virtudes que los humanos nos gustaría poseer: como coraje, fidelidad, prudencia, astucia, etc; por el toro, el perro, el lince, el águila, etc."

  Palabra sustituible por valores:

- "Pasa a menudo que a una persona le gustan cosas sin saber por qué o sin razones aparentes. Ahora bien, preferirlas racionalmente exige reconocer que estas cosas poseen cualidades de acuerdo con criterios subjetivos y objetivos".

  Palabra sustituible por valores:

- "Llamamos ideales éticos a aquellos criterios que ocupan los lugares superiores en nuestras preferencias y que son como principios generales que guían nuestra vida, indicando cómo quisiéramos que fuese en realidad".

  Palabra sustituible por valores:

- "Si la igualdad y la libertad son derechos fundamentales, debe ser posible hablar de unas prácticas, de unas actitudes, de unas disposiciones que hagan realizable la igualdad y la libertad para todos".

  Palabra sustituible por valores:

4ª. En las siguientes historias los personajes toman decisiones que pueden parecer puramente individuales, que solo les afecten a ellos, pero en todas ellas las personas que les rodean se ven afectadas. Identifica qué es lo que le apetece a cada personaje y explica por qué sus deseos también afectan a los demás. Puedes ayudarte de los términos que aparecen debajo de cada historia.

- A Juan siempre le han gustado los coches deportivos. Lo primero que hizo con sus primeros ahorros fue comprarse un coche de 200CV; "es una maravilla, cuando le pisas vuela", comentaba con sus amigos. El riesgo y la subida de adrenalina guían toda su vida. Ayer salió a la autovía y puso su pequeño deportivo a 190 Km/h.

  Aventura, Prudencia, Riesgo, Seguridad

[1] Extraido de XTEC.

- Siempre he querido vivir en una casa confortable. Y eso para mí es básicamente tener de todo. Aire acondicionado en verano, calefacción en invierno, luces por toda la casa (odio la oscuridad), secadora para la ropa, cafetera de cápsulas, armarios gigantes repletos de ropa, garaje propio...

  Comodidad, Medio ambiente, Consumismo, Responsabilidad

- A mi abuela le gustan mucho los gatos y por eso cada día les saca comida a la calle. Poco a poco han ido llegando más gatos al vecindario y mi abuela está cada día más contenta. No sé qué haría sin ellos.

  Amor a los animales, Suciedad, Civismo, Soledad

5ª. Aprendemos valores a lo largo de toda nuestra vida. La familia es el primer lugar en el que aprendemos, pero también está la escuela, los medios de comunicación y la publicidad, las amistades, las películas y la música... Podemos decir que los valores son sociales. Aquí tienes 3 imágenes de anuncios en los que se plasman valores. Relaciona las imágenes con los valores que se quieren transmitir y razona si son importantes en tu vida

COSUMO

AMISTAD

ÉXITO

FELICIDAD

6ª. Escribe o diseña tu propio eslogan publicitario en el que se reflejen los siguientes valores: solidaridad, competitividad, amistad, justicia, éxito. Por ejemplo: "La vida es competición (anuncio de material deportivo)"

7ª. Aquí tienes cinco muestras históricas de los valores con los que has hecho tus eslóganes del ejercicio anterior. Explica qué ha cambiado y qué permanece igual.

- Salomón hizo justicia del siguiente modo cuando dos mujeres discutían sobre quién de las dos era la madre: "Partid en dos al niño vivo, y dad la mitad a la una y la otra mitad a la otra".
- La solidaridad con los pueblos que no hablaban griego no existía en la antigua Grecia.
- A finales del siglo XIX las competiciones poéticas tenían numeroso público.
- La amistad entre hombres y mujeres es algo "nuevo" en la historia.
- En la *Ilíada* y la *Odisea* los héroes eran los guerreros sanguinarios, valientes y astutos.

8ª. En todas las sociedades existen unos valores que predominan sobre otros. ¿Podrías decir cuáles son los valores que crees que se consideran más importantes en nuestra sociedad –no en el orden que tú consideres? Te damos una lista para que puedas ordenarlos de mayor a menor importancia (si hay alguno que no esté en la lista pero que consideres que tiene vigencia en nuestra sociedad, añádelo).

Solidaridad, justicia, competitividad, marquismo, igualdad, amistad, moderación, honradez, honestidad, individualismo, civismo, tolerancia...

Los **VALORES MORALES** configuran aquello que las personas consideran bueno o malo, correcto o incorrecto, justo o injusto... en sus acciones y en las de los otros. Los seres humanos valoramos cosas, valoramos acciones de las personas y valorar no es otra cosa que sentir respeto o desprecio. Los valores son, pues, cualidades de las cosas por las que sentimos aprecio (la belleza de una puesta de sol) o cualidades personales y, por tanto, sociales (una persona amable). Hay valores por los que tenemos un sentimiento positivo y otros que nos despiertan un sentimiento negativo (una ley injusta).

9ª. Es posible que hayas comprobado en la actividad anterior, que hay una diferencia entre lo que se valora en la sociedad y lo que valoramos nosotros. Ahora debes organizar los valores que has elaborado en la lista anterior y ordenarlos tal y como tú querrías que estuvieran en la sociedad. Tanto si coinciden como si no, escribe un breve texto explicando las diferencias o parecidos; puedes empezar así: "Sería deseable que ..., pero lo cierto es que en muchas ocasiones..."

Los valores morales y políticos son las cualidades que afectan a personas, a sus actos, a sus relaciones o a sus instituciones. Los valores de este tipo se materializan en normas sociales, por ejemplo, la condena del canibalismo o de la pena de muerte. Es normal que en las sociedades democráticas, donde conviven muchos tipos de personas, existan en ocasiones conflictos de valores. Por eso decimos que las sociedades son PLURALES, tanto a nivel estético, político, moral o religioso

10ª. Un **DILEMA MORAL** es una narración breve en la que se plantea una situación real que genera conflictos de tipo moral. La situación descrita plantea varias opciones de solución: la persona que se enfrenta al dilema tiene que decidir de manera urgente entre dos opciones (A o B), ambas defendibles. No todos pensamos igual. Lee el siguiente caso:

"A principios de enero de 2014, la Universidad de York aceptó y apoyó la intolerancia de género en aras de la tolerancia religiosa. Un estudiante varón solicitó no trabajar con mujeres en un proyecto de grupo porque esto violaba sus creencias religiosas. El profesor no estuvo de acuerdo y llamó la atención de que el estudiante no debería ni poder hacer dicha solicitud. El decano de la Universidad, en cambio, consideró que el recurso era válido y accedió a la solicitud del estudiante."

(http://www.thephoenixnews.com)

a. Dividíos en grupos y elaborad dos tablas con argumentos a favor y argumentos en contra de la decisión del decano.

b. Ahora escribe individualmente un texto argumentativo en el que expreses tu opinión respecto al tema.

c. Comienza el DEBATE. El texto que has escrito te servirá para exponer las ideas con claridad.

La pluralidad moral es un hecho de nuestras sociedades. Convivimos personas de diversa índole cultural, religiosa, política... Así pues, estamos abocados a entendernos si no queremos vivir en un estado de conflicto permanente. El PLURALISMO MORAL es el mejor instrumento para lograr la convivencia respetando las diferencias de cada individuo o grupo. Se trata de establecer unas mínimas reglas que permitan que cada uno pueda desarrollar su vida de la forma en que mejor considere.

11ª. Los siguientes valores: SOLIDARIDAD, TOLERANCIA, LIBERTAD, IGUALDAD Y ACTITUD DIALÓGICA pueden ser considerados como mínimos morales que deben ser respetados con el fin de garantizar la convivencia entre personas que no piensan igual. A continuación tienes cinco historias en las que es necesario el respeto de alguno de dichos valores. Indica cuál es el necesario para cada situación.

- En clase todos hablan al mismo tiempo y al final no es posible escuchar a nadie. Además, en muchas ocasiones acabamos insultándonos los unos a los otros.
- Mi padre me contó que durante mucho tiempo las mujeres no podían votar ni abrirse una cuenta en el banco a su nombre.
- El año pasado mi primo quiso trabajar de guardia de seguridad, pero al final no aceptó el trabajo porque en la empresa le obligaban a afiliarse a un partido político.
- Nunca he entendido las religiones que obligan a las personas a llevar determinadas prendas de ropa como símbolo religioso. Me da igual que a mí no me obliguen.
- A mi compañero de mesa se le dan muy bien las ciencias, en concreto las matemáticas, pero no quiere estudiar y tampoco quiere ayudarme. No sé qué le pasa.

12ª. **Redacción:** ¿A qué llamamos bueno y malo en sentido moral? Comienza tu redacción con la siguiente frase: "Para los seres humanos hay cosas que son consideradas buenas y otras malas porque..."

13ª. CRUCIGRAMA

Horizontal

4. Reconocimiento de los mismos derechos para todos.
5. Se dice de las personas o cosas por ser agradables y/o beneficiosas.
7. Se dice del sentimiento de apoyo y unión a otros.
11. Algo por lo que vale la pena luchar.
12. Tiene que ver con las costumbres buenas o malas de las personas.

Vertical

1. Respeto hacia la opinión o forma de ser de otra persona.
2. Sentimiento desinteresado hacia otra persona.
3. Expresión sobre lo verdadero o falso de algo.
6. Que tiene que ver con la belleza.
8. Problema moral de difícil solución por sus pros y contras.
9. Cualidad de una persona o cosa, se utiliza también en economía.
10. Se dice de las personas o cosas que son dañinas.

SOLUCIÓN

Horizontal.
4: Igualdad.
5: Bueno.
7: Solidaridad.
11: Ideal.
12: Moral.

Vertical.
1: Tolerancia.
2: Amistad.
3: Juicio.
6: Estético.
8: Dilema.
9: Valor.
10: malo.

14ª. SOPA DE LETRAS. Encuentra los siguientes conceptos: ESTÉTICO, HECHOS, IDEALES, IGUALDAD, JUICIO, MÁXIMO, MÍNIMO, MORALES, SOLIDARIDAD, TOLERANCIA, VALOR.

M	U	U	V	H	C	T	R	I	C
O	B	D	F	W	O	N	S	G	I
P	Q	A	L	I	R	E	A	U	W
N	Y	D	C	V	Q	Z	I	A	O
Y	F	I	Z	R	I	J	C	L	M
U	U	R	H	E	I	D	N	D	O
J	Q	A	G	S	D	F	A	A	R
J	V	D	N	T	E	C	R	D	A
B	R	I	O	E	A	E	E	E	L
N	O	L	M	T	L	E	L	S	E
D	L	O	I	I	E	U	O	V	S
F	A	S	X	C	S	H	T	Q	S
E	V	V	A	O	C	S	X	P	Ñ
D	Y	O	M	E	P	H	Y	D	P
L	H	W	H	M	I	N	I	M	O

SOLUCIÓN

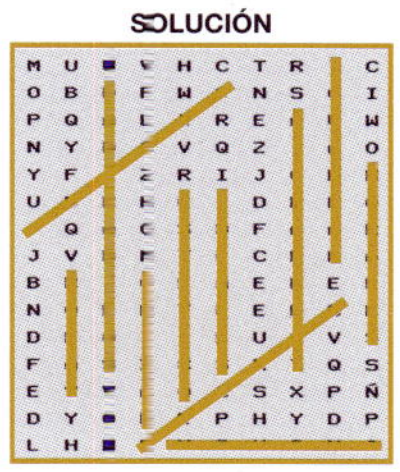

Textos

1º Dos hombres que se odiaban entre sí navegaban en la misma nave, uno sentado en la proa y otro en la popa. Surgió una tempestad, y hallándose el barco a punto de hundirse, el hombre que estaba en la popa preguntó al piloto que cuál era la parte de la nave que se hundiría primero.

– La proa -dijo el piloto-.

– Entonces -repuso este hombre- no espero la muerte con tristeza, porque veré a mi enemigo morir antes que yo.

Muy mezquina actitud es preferir ver sufrir a los enemigos en vez de inquietarse por el daño que irremediablemente se está a punto de recibir.

Esopo

a. ¿Reconoces la actitud de los personajes? ¿Has visto alguna vez una actitud semejante? Describe una situación en la que alguien se alegra del mal ajeno aunque a él también le afecte.

b. ¿Cómo habrías solucionado la situación de la fábula?

2º Los vecinos de un barrio se han quejado repetidas veces a las autoridades de que con mucha frecuencia hay altercados y disturbios en las calles debido al tráfico de drogas y a la existencia de botellón. Cansados de que no atiendan sus demandas, deciden hacer una patrulla ciudadana que garantice su seguridad, especialmente por las noches.

Una cadena de televisión, enterada de que una noche esa patrulla iba a hacer una "redada" en el barrio, manda a cuatro periodistas para que cubran la información. Durante el transcurso de la "redada", los vecinos agreden a algunos "camellos" y borrachos, sin que ningún periodista haga nada por impedirlo, ya que se limitan a cubrir la información.

Un juez, enterado de los hechos, denunció a los periodistas por no haber cumplido con el inexcusable deber, recogido en la Constitución, de socorrer a las víctimas. Los reporteros alegaban que se limitaban a cumplir con su trabajo.

G.I. Patiño Pérez e Isaac Payá Martínez: *Lecturas de ética y moral para jóvenes*

Acabas de leer una historia que nos plantea un conflicto moral. Como ya hemos visto, los dilemas morales no tienen una única solución pero sí que pueden ser analizados:

a. Elabora una lista de argumentos a favor de la actitud de los periodistas y argumentos en contra.

b Elabora una lista de argumentos a favor de la decisión del juez y argumentos en contra.

Reflexión teórica

Lenguaje moral

Cuando afirmamos algo acerca de la realidad construimos juicios. Los juicios son afirmaciones o negaciones acerca de cualquier cosa. Por ejemplo: "El cielo es azul", "El agua hierve a 100ºC" o "La nueva película de Star Wars no me gusta". Hacemos juicios de todo tipo, pero los que aquí nos interesan son los juicios de valor. Cuando hablamos, valoramos. Puede que no te hayas dado cuenta, pero nuestro lenguaje está lleno de valoraciones.

Juicios de hecho y juicios de valor

Cuando hacemos un juicio acerca de cómo son las cosas estamos haciendo juicios de hecho, describimos o constatamos. En cambio, cuando afirmamos sobre algo una preferencia, estima o una apreciación, hacemos juicios de valor. Para que lo puedas entender mejor te mostramos dos ejemplos: cuando afirmamos "La Tierra es un planeta del Sistema Solar", estamos realizando un juicio de hecho, afirmamos de la Tierra, nuestro planeta, que *ES* uno de los ocho planetas del Sistema Solar, estamos describiendo algo que no depende de nuestra valoración, ni de nuestros deseos. En cambio, cuando afirmamos "La playa es el mejor sitio para pasar las vacaciones" estamos haciendo un juicio de valor, estamos mostrando nuestra preferencia por la playa como lugar de vacaciones, algo que no todo el mundo compartirá.

Hechos y valores

Pero, ¿qué son los hechos? ¿y los valores? Los hechos son las cosas, personas y acciones que constituyen la realidad que nos rodea. Es un hecho que los pájaros vuelan, que la Tierra gira alrededor del Sol o que en las ciudades habitan seres humanos. En cambio, los valores indican qué es lo valioso (o no) para nosotros, nuestras preferencias o deseos. Así, "Los helados de vainilla están deliciosos", "Las personas deben vivir en condiciones de igualdad" o "La mejor de las películas del Señor de los Anillos es la segunda" expresan nuestras preferencias y deseos.

Valores morales

De entre todos los valores que utilizamos para expresar nuestras preferencias, podemos distinguir los valores morales. Estos valores tienen la peculiaridad de que muestran nuestras preferencias acerca de lo bueno y lo malo. Se relacionan con nuestra idea de cómo queremos que sean las cosas, expresan cómo creemos que *DEBEN SER*. Algunos ejemplos de valores morales serían la honestidad, la sinceridad, la valentía, la solidaridad, el respeto, la generosidad, la tacañería... Estos son algunos de los valores que utilizamos cuando hacemos juicios acerca de las acciones humanas. Pero no sólo los utilizamos al hacer juicios, sino que también nos sirven para guiar nuestra conducta, nuestras decisiones.

Pluralismo moral

Como hemos ido viendo en las unidades anteriores, los seres humanos convivimos en sociedad, y eso hace que, en ocasiones, surjan conflictos de tipo moral. Hay personas que consideran que lo más importante es la libertad, mientras que otras abogan por la igualdad de oportunidades. Una tercera podría afirmar que lo fundamental es la solidaridad... Vivimos en sociedades en las que, afortunadamente, existe la pluralidad de valores. La convivencia exige el respeto hacia otros que son diferentes a nosotros y, como consecuencia, el respeto de sus valores. Las sociedades democráticas se caracterizan por afirmar y defender el pluralismo moral.

Mínimos y máximos

A pesar de nuestras diferencias, tenemos muchas cosas en común. Estamos de acuerdo, y debemos estarlo, en algunos valores que podemos llamar "básicos" y que son los que guían nuestra vida colectiva. Esos valores que todo miembro de la sociedad puede –y debe– compartir son "mínimos morales", los mínimos valores que garantizan la convivencia. Cuando hablamos de "máximos morales" nos referimos a los proyectos de vida feliz que cada uno decide llevar a cabo.

PELÍCULA

Sinopsis: Walt Kowalski (Clint Eastwood), un veterano de la guerra de Corea (1950-1953), es un obrero jubilado del sector del automóvil que ha enviudado recientemente. Su máxima pasión es cuidar de su más preciado tesoro: un coche Gran Torino de 1972. Es un hombre inflexible y cascarrabias al que le cuesta trabajo asimilar los cambios que se producen a su alrededor, especialmente la llegada de multitud de inmigrantes asiáticos a su barrio. Sin embargo, las circunstancias harán que se vea obligado a replantearse sus ideas.

DEMOCRACIA

¿Por qué todos los votos valen igual?

—A ver chicos y chicas, —dijo el tutor— hoy en la tutoría tengo que hablaros de las elecciones al Consejo Escolar.

—Entonces hoy no podemos adelantar deberes —dijo Sofía.

—No, hoy tenemos que hablar del Consejo Escolar.

—Pero luego tenemos exámenes, ¿no podemos hablar de eso la semana que viene? —dijo Pablo.

—Que no, os dije el primer día que la tutoría era para hablar de los temas de tutoría. La semana que viene son las elecciones al Consejo Escolar y no se ha presentado ningún alumno. Por eso quiero hablar del tema.

—Normal que no se presente nadie, no sirve para nada —dijo Alejandro, que estaba repitiendo curso.

—Pues de eso se trata, de convenceros de que sí es importante. En este centro hay hasta cuatro representantes de estudiantes en el Consejo Escolar. Eso son muchos votos y el Consejo Escolar es muy importante en un centro. Siempre os estáis quejando de los problemas del centro y de las cosas que no os gustan, pero cuando tenéis la oportunidad de cambiar las cosas de verdad, no lo hacéis.

—Pero si me presento ¿qué tengo que hacer? —dijo Sofía.

—Hacer campaña jajajaja, porque yo no pienso votarte —dijo Alejandro.

—Pues en vez de eso, preséntate tú a ver si le ganas —dijo César, el tutor— Sofía, tienes que ir a las reuniones del Consejo hablar y votar.

—Pero no sirve de nada. Al final los padres y los profesores votáis lo mismo —dijo Pablo.

—No creas… si yo te contase. Ha habido veces que gracias a profesores y alumnos no han salido cosas que el director quería hacer. Además, otras veces gracias a compañeros vuestros que han estado se han cambiado optativas o se han podido hacer excursiones. Yo estoy en el Consejo y os he de decir que sí que funciona. La democracia no es solo ir a votar cuando seáis mayores, hay muchas formas de participar y organizarse democráticamente.

—Bueno, mi padre dice que votar tampoco sirve para nada.

—Bueno, de lo que si estamos seguros es de que no votar sí que no sirve para nada.

1. Pero, ¿Quién manda en el instituto? ¿Sabes qué es el Consejo Escolar?
2. En el diálogo, el tutor les dice que su papel en el Consejo Escolar es muy importante porque es el Consejo Escolar quien toma las decisiones del Centro, es decir, es quien tiene el poder ¿Quiénes forman parte del Consejo Escolar de tu centro?

Actividades

DEMOCRACIA: Se define como gobierno del pueblo, o de la mayoría. Los ciudadanos son los que legitiman las instituciones y las leyes en un estado democrático mediante las organizaciones políticas y las elecciones.

1ª.- Los delegados de curso se han reunido con sus representantes en el Consejo Escolar para que lleven una propuesta del alumnado. Han llegado por mayoría simple a la siguiente propuesta (que en este momento está prohibida en el reglamento de régimen interno del instituto): *"Utilizar el móvil en el aula"*. Saben que Rocío, la profesora de informática, está totalmente de acuerdo y que les apoyará, además está en el consejo escolar, pero creen que la directiva y los padres pueden no estar de acuerdo.

Para que se apruebe esta propuesta en el Consejo Escolar, los pasos que habrá que seguir a partir de ahora son:

- Preparar argumentos para defender esta propuesta. Piensa en tres posibles argumentos.
- Pensar qué argumentos en contra nos pueden plantear y cómo los contestaríamos.
- Decidir quién los va a exponer y por qué.
- Averiguar en el DOGV qué tipo de procedimiento se requiere para modificar el Reglamento de Régimen Interno (Forma de decisión).

No todas las decisiones se toman de la misma forma. Depende del alcance y las consecuencias de lo que se va a decidir. Unas necesitan *"más acuerdo"* que otras.

FORMAS DE DECIDIR:

El Quórum: número mínimo de miembros que tienen que estar presentes para que tengan validez los acuerdos tomados.

Mayoría simple: se aprueba la propuesta que más votos ha obtenido.

Mayoría absoluta: se aprueba la propuesta que obtenga la mitad más uno de los votos.

Mayoría cualificada: la propuesta ha de ser votada por un porcentaje mínimo superior al 50%, puede ser el 60% o el 75%, según la importancia de la propuesta.

Unanimidad: acuerdo común de todos los miembros del grupo.

2ª.- De las siguientes decisiones, ¿Cuáles crees que deben tomarse por unanimidad y cuáles por mayoría?:

a) ¿Qué película vamos a ir a ver esta tarde?
b) La fecha de un examen.
c) Rebajar a 16 años la edad de votar.
d) Cambiar el nombre del centro.
e) Establecer horario partido o seguido.
f) Fijar calendario de vacaciones y de exámenes.

3ª. ¿Qué criterio crees que se ha utilizado en el ejercicio anterior para decidir la forma de votación?

a) Es una decisión que tiene consecuencias muy importantes para todos. Obliga a todos.
b) Es necesario que haya más gente que quiera hacerlo y no perjudica a nadie
c) Es necesario que haya un número suficiente de gente que esté de acuerdo porque va a afectar a todos.

4ª. Esta forma democrática de tomar decisiones en la que el poder está en manos de la mayoría, no es la única forma de gobierno posible. Existen otros tipos de Estado. Por ejemplo, el Estado autoritario o totalitario. Establece relaciones entre las siguientes columnas:

Gobierna un líder único o un grupo de privilegiados	
Gobierno del pueblo	Estado autoritario
No hay medios de comunicación libres	
Respeto de los derechos humanos	
Pluralidad de opiniones	
Control total de la vida de los individuos	
Las leyes reconocen y garantizan los derechos de los ciudadanos	Democracia
Persecución o eliminación de todo adversario	

5ª. Redacción. Teniendo en cuenta las características del ejercicio anterior, realiza una narración en la que describas cómo sería tu vida si estuvieras en un país autoritario (mínimo 200 palabras). ¿Qué derechos humanos se vulneran en tu redacción?.

VALORES DE LA DEMOCRACIA

- Un sistema democrático acepta unos valores y derechos que reconoce a todos sin excepción: la libertad, la igualdad, la solidaridad.
- La libertad nos permite participar en las decisiones públicas y elegir nuestra forma de vida.
- La igualdad nos lleva a reconocer a todo ser humano por su dignidad como persona, más allá de las diferencias que puedan existir entre ellos.
- La solidaridad nos impulsa a respetar a los otros, a interesarnos por ellos y a participar en proyectos comunes. Es un compromiso de ayuda mutua que se refleja en políticas sociales encaminadas a lograr un Estado del bienestar.
- La tolerancia tiene en cuenta la diversidad de opiniones y formas de vida.

6ª. Puesta en común. Hacer una lista de cinco derechos humanos que se consideran más vulnerados según las redacciones de toda la clase.

7ª. Libertad: En el tema 1 ya hemos hablado de la libertad, pero la libertad en la sociedad no es absoluta, tiene restricciones. Ahora vamos a centrarnos en las restricciones que el buen ejercicio de las libertades necesita en una democracia:

a.- Enlaza las siguientes frases:

"Solo las libertades de pensamiento y de consciencia..."	No se debe transmitir mensajes de incitación al odio y a la violencia (racista, discriminatorio, etc)
"la libertad de opinión es limitada..."	"no encuentran verdaderas restricciones"
"el acceso a la información es un aspecto importante del derecho al libre intercambio de ideas ..."	"pero la forma en que las personas deseen manifestarla no debe actuar en contra de los derechos de otras personas"
"La elección o no de de una religión es una libertad sin restricción..."	"pero es importante garantizar este derecho a los niños protegiéndolos de informaciones dañinas"
La libertad de opinión es ilimitada...	Siempre que se quede en el ámbito de la mente.

b- ¿Estás de acuerdo con estas restricciones? ¿Por qué?.

c- Sigue la redacción a modo de conclusión de 100 líneas: "Por lo tanto, la libertad en una democracia...

8ª. La igualdad: El pasado de la democracia y también su futuro se basa en la participación, pero no siempre fue así.

a). Lee las siguientes frases, descubre quienes pudieron decirlas y en qué contexto histórico:

- *"Estamos aquí no por haber violado las leyes sino por nuestros esfuerzos por llegar a ser redactoras de leyes"* .
- *"la mujer nace libre y permanece igual al hombre en derechos".*
- *"gozamos hoy de derechos y libertades gracias al sacrificio, inteligencia, valor y lucha de tantas mujeres y hombres que nos precedieron en el camino".*
- *"Privaba al total de la población negra de todo derecho político: no podían votar, ni ocupar un puesto político ni sindicalizarse, y no tenían derecho a la libertad de reunión."*

- *Los negros debían vivir en áreas segregadas racialmente, recibían salarios discriminatorios, no podían casarse con blancos, ni ser jefes de ellos, debían asistir a escuelas separadas e inferiores, debían usar baños separados, entradas diferentes, debían comer en restaurantes diferentes y se les prohibía socializar con blancos".*
- *"La declaración jurídica de mi incapacidad iba unida a la incapacidad para ejercer mi derecho al voto. Hasta que en 2006 la ONU aprobó la Convención Internacional sobre los Derechos de las personas con Discapacidad. "*

Contexto histórico:

- En 1928 se aprobó la ley que reconocía el derecho al voto en igualdad de condiciones de mujeres y hombres. La lucha fue una conquista de las mujeres sufragistas.
- Las elecciones generales de Sudáfrica de 1994 se realizaron del 26 al 29 de abril de 1994. Fueron los primeros comicios celebrados en Sudáfrica aplicando el derecho al sufragio universal y consolidaron el fin del régimen del apartheid. La lucha fue dirigida por Nelson Mandela que no solo luchó contra la segregación racial sino que defendió la igualdad de todos los seres humanos.
- Documento en el que se especifican y ratifican todos los derechos y libertades de los discapacitados a nivel internacional, así como una obligación para los Estados que lo firman (entre ellos, España) de hacer cumplir sus 50 artículos. Carta Magna (2006).

b). ¿Por qué crees que fueron tan importantes estos movimientos para establecer una democracia?

c). ¿Crees que se podría establecer una Democracia si existen grupos discriminados para ejercer su voto o para desarrollar su forma de vida pacíficamente?

Como sabemos, la democracia es el gobierno de la mayoría, pero la auténtica democracia es aquella en las que la ley respeta los derechos de las minorías con tanta fuerza como los derechos de la mayoría. ¿Te imaginas que pudiéramos decidir que las minorías de pelirrojos, judíos y testigos de Jehová no pudieran entrar en la cafetería del instituto porque así lo ha decidido la mayoría? ¿Podría suceder esto en una auténtica democracia?

9ª. Solidaridad, tolerancia, interés general e interés particular.

Los intereses particulares y el interés general:

Las sociedades democráticas se basan en el principio de que el Estado debe procurar que los intereses particulares de los ciudadanos o de determinados grupos no deben prevalecer sobre el interés de toda la sociedad. Dicho principio manifiesta la aceptación de los valores de igualdad, solidaridad y justicia.

En las siguientes situaciones, identifica cuando se actúa siguiendo el interés particular y cuando buscando el interés general:

- He votado que se construya el nuevo instituto en este lugar alejado del pueblo porque yo vivo justo al lado.
- He votado a favor de dedicar presupuesto del Ayuntamiento a construir un polideportivo municipal aunque yo prefiero ir a un gimnasio privado.
- Aunque tenían opiniones políticas diferentes, firmaron un pacto para luchar contra la violencia en todas sus formas.
- En mi casa hay dinero de sobra para que yo estudie donde decida, por eso mi madre dice que no votará que se aumente el número de becas para estudiantes.

La tolerancia puede ser definida como una actitud de respeto y aceptación de las opiniones, creencias, sentimientos o ideas de otros, incluso cuando son diferentes y opuestas a las nuestras. Sin esta actitud no sería posible construir una sociedad pluralista.

10ª. Comenta la siguiente frase y la siguiente noticia y di cuál se corresponde con tolerancia y cuál con solidaridad.

"No estoy de acuerdo con lo que usted dice, pero defendería con mi vida su derecho a expresarlo" Voltaire.

"Se necesitan comedores sociales en verano para la infancia más vulnerable Ya hace unos años que la crisis económica hace más evidente la vulnerabilidad de muchas familias y en especial de los niños. Muchos niños no tienen posibilidades de comer adecuadamente en su casa y para ellos los comedores en los colegios son una salvación (siempre que consigan becas para poder comer, lo cual cada vez está más difícil...)."

"Porque si la tolerancia es una virtud, no tolerar lo intolerable es un derecho, un derecho que viene recogido en los códigos que marcan las fronteras entre lo tolerable y lo intolerable, desde los reglamentos de régimen interno hasta la Declaración de Derechos Humanos pasando por los códigos civiles o penales y las Constituciones." Josa Fructuoso

11ª. Elegid una de las dos preguntas siguientes y elaborad 3 argumentos. Buscar un ejemplo que apoye las razones que has dado a favor o en contra:

a. ¿Decidir que hay algo intolerable es siempre demostrar intolerancia?
b. ¿Ser tolerante es tolerarlo todo?.

12ª. La siguiente lista recoge algunas de las cosas imprescindibles para tu vida. En base a ello, define lo que sería el Estado del Bienestar.

- Atención médica.
- Alimentación.
- Vivienda.
- Trabajo.
- Becas.
- Educación.
- Descanso.

Definición: El Estado del Bienestar es aquél que........

13ª. CRUCIGRAMA

Horizontal

2. Sistema político en el que los gobernantes son elegidos mediante elecciones.
3. Jefe de los departamentos en los que se divide el gobierno de un estado.
5. Además del congreso de los diputados, segunda cámara que se conoce con el nombre de...
7. Poder encargado de aplicar las leyes y hacer cumplir las sentencias.
8. Texto aprobado en 1978 que recoge la ley fundamental de la organización del estado español.
9. Cada una de las regiones con gobierno propio en que se divide el estado español.
10. Órgano político que desempeña la labor legislativa.

Vertical

1. Poder que elabora y establece las leyes.
4. Desempeña en España la función de representación del Estado en el exterior.
6. La figura más importante del gobierno, quien coordina y dirige.

SOLUCIÓN

Horizontal.
2: Democracia.
3: Ministro.
5: Senado.
7: Judicial.
8: Constitución.
9: Autonomía.
10: Parlamento.
Vertical.
1: Legislativo.
4: Rey.
6: Presidente.

14ª. SOPA DE LETRAS: Encuentra los siguientes conceptos: CANDIDATO; CRÍTICA; ELECTOR; EXPRESIÓN; LIBERTAD; MAYORÍA ; MINORÍA; NORMAS; POLÍTICO; PROGRAMA; URNA; VOTO.

W	T	N	N	E	S	W	Q	R	W
S	U	B	U	V	W	Ñ	M	I	P
A	M	O	H	R	O	I	A	G	V
Z	I	N	H	B	N	T	Y	R	W
M	N	Z	V	A	O	A	O	O	E
C	O	P	S	P	R	E	R	T	F
R	R	M	V	R	M	X	I	C	L
I	I	I	X	O	A	P	A	E	I
T	A	O	A	G	S	R	R	L	B
I	O	Z	U	R	Z	E	Z	E	E
C	K	F	G	A	I	S	I	K	R
A	X	J	H	M	S	I	X	F	T
A	J	E	U	A	R	O	I	I	A
O	T	A	D	I	D	N	A	C	D
F	N	O	C	I	T	I	L	O	P

SOLUCIÓN

Textos

Lee los siguientes textos e identifica en ellos valores democráticos:

TEXTO 1

"La única libertad que merece ese nombre es la de buscar nuestro propio bien a nuestra propia manera, en cuanto no intentemos privar a los demás de su libertad o impedir que se esfuercen por conseguirla. Cada uno es el guardián adecuado de su propia salud, corporal o mental y espiritual. El género humano ganará mucho más si soporta el que cada uno viva como le parece bien que si obliga a cada uno a vivir como le parece bien a los demás"

Stuart Mill, On liberty, **cap. I**

TEXTO 2

"Soy libre sólo cuando todos los seres humanos que me rodean son igualmente libres. La libertad de los demás, lejos de restringir o negar mi libertad es, por el contrario, su condición necesaria y su confirmación. Me vuelvo libre, en el verdadero sentido, sólo gracias a la libertad de los demás: cuanto mayor es el número de personas libres que me rodea y más profunda y más grande y extensa su libertad, más profunda y mayor se torna la mía"

Bakunin, El sistema del anarquismo.

TEXTO 3

"Como virtud política, la tolerancia es una de las virtudes democráticas y consiste en aceptar actitudes, no personas, porque mientras que la tolerancia hacia las personas corresponde a los dioses, a los humanos nos corresponde tan sólo la de los hechos o las conductas. La tolerancia consiste pues en renunciar a una prohibición que podría ejercerse, en aceptar lo otro, lo diferente, lo extraño a lo propio, a lo conocido, lo ajeno a la tradición; de algún modo tolerar es admitir otras identidades".

Reflexión teórica

El término democracia quiere decir gobierno o poder (krátos) del pueblo (demos). En Atenas, en el S. VI aC, encontramos la primera forma de democracia, distinta en muchos aspectos de las democracias actuales. Aunque sus raíces son griegas, las democracias actuales derivan de las revoluciones liberales de los S XVIII y XIX, que partían de la idea de igualdad política de todas las personas, defendían el derecho a gobernar sólo con el consentimiento del pueblo. Así, en la democracia no existen vasallos ni súbditos, como en otros modelos de Estado, sino **ciudadanos**. Ellos, directamente o a través de sus representantes, hacen las leyes y ejercen el gobierno.

En las democracias modernas, el ciudadano establece una clara distinción entre su **vida privada** (creencias, aficiones, gustos...) y su **vida pública** (impuestos, leyes...). El Estado tiene como finalidad garantizar y proteger los derechos que se reconocen a los ciudadanos.

Debido a que las sociedades actuales son muy grandes, el modelo que se utiliza es el **representativo**, en el que los ciudadanos -ya que no es posible la participación directa en los asuntos del Estado- eligen a sus representantes, que a su vez, eligen al gobierno en el Parlamento.

La democracia se fundamenta en la implantación del **Estado de Derecho**, que consiste en un tipo de organización social en el que la máxima autoridad es la ley (no hay nadie por encima de ella), que debe garantizar los derechos de los ciudadanos.

Aunque la mayoría sea el criterio de decisión en una democracia, esto no garantiza que las decisiones de la mayoría sean "las mejores". Las mejores decisiones en democracia son aquellas que favorecen a todos, no sólo a la mayoría. Hay que tener siempre en cuenta la voz y los derechos de quienes están en minoría y son, por tanto, más vulnerables (discriminación de la mujer, de los homosexuales, de los deficientes, de los discapacitados...)

Como la democracia parte del hecho de que somos diferentes, plurales, necesita actitudes que permitan la convivencia. Requiere una actitud de participación, respeto y diálogo que tenga en cuenta que "el otro es alguien igual a mi", con el que puedo convivir buscando los aspectos comunes y respetando las diferencias.

Por último, es preciso señalar que la democracia es un quehacer diario siempre mejorable con el que se pretende ir avanzando perfeccionando el funcionamiento de las instituciones y la conducta de las personas, de acuerdo con los valores en los que se basa la democracia. Es más una meta, un camino que una situación lograda.

PELÍCULA

REBELIÓN EN LA GRANJA

Título original: Animal Farm

Año: 1999

Duración: 91 min.

País: Estados Unidos

Director:

Guión: Alan Janes & Martyn Burke (Novela: George Orwell).

Sinopsis: Una noche, cuando el granjero Jones se ha ido a dormir borracho, todos los animales de la Granja Manor deciden luchar contra el hombre que los maltrata. Los animales planean una rebelión para acabar con la dictadura actual, se hacen con la granja, instauran sus leyes y sus propias normas, pero no será fácil crear un nuevo sistema político. Con el tiempo los cerdos se convertirán en los nuevos tiranos creando un sistema opresor y despiadado... Animales (creados por la factoría de Jim Henson) y algún humano para recrear la famosa novela de Orwell que representaba una alegoría política sobre la revolución bolchevique y el posterior sistema comunista. (FILMAFFINITY)

5 JUSTICIA

Escuchaban en silencio cómo la profesora iba leyendo las notas que habían sacado. Llevaban esperando más tiempo del que era habitual en ella a que devolviera los exámenes corregidos. Por extraño que pareciera, la clase, que no había forma nunca de hacerla callar, permanecía en absoluto silencio. Era el último examen del año. La nota que sacaran iba, prácticamente, a decidir la nota final de la asignatura. Y, por lo que oían, todo estaba saliendo como habían previsto. Había unos pocos nueves y dieces, a los que la profesora felicitó. Un grupo grande que había aprobado "justo" y muy "justo". Otro grupo —no muy grande— de "suspendidísimos", que habían puesto poco más que el nombre y la fecha. Y otros que habían suspendido el examen, pero no porque lo hubieran dejado en blanco sino porque, habiendo estudiado, no lo habían hecho lo suficientemente bien. Los de las mejores notas y los que habían aprobado estaban muy contentos. Los "suspendidísimos" pasaban de todo y nunca hubieran reconocido que les importaba la nota ni poco ni mucho. Y el grupo de *los otros suspendidos* estaba callado, más que triste, derrotado.

—Escuchad un momento, por favor. Todos se giraron a ver qué más quería.

—He estado pensando bastante en las notas que os he puesto, porque no estoy satisfecha con ellas.

Enmudecieron de nuevo. Intercambiaban miradas de sorpresa.

—Tengo la sensación de que no he sido justa. Ese es precisamente el motivo de que me haya retrasado tanto esta vez en daros los exámenes y las notas.

Las miradas de sorpresa se tornaron en miradas de inquietud. Ella nunca había hecho reflexiones personales ante ellos. Mucho menos, expuesto dudas.

—Quería deciros que he decidido lo siguiente: He estado pensándolo mucho y comentándolo con otros compañeros: vamos a proponer al centro cambiar los criterios de evaluación para los próximos cursos, —para este ya no es posible—. Consideramos más justo poner las mejores calificaciones a quienes más se esfuercen durante el año, a quienes más progresen, independientemente de las notas que saquen en los exámenes. Creemos que es más justo valorar el esfuerzo que se ha realizado que los resultados obtenidos. Eso puede significar cambios bastante importantes en las calificaciones... Algunos de los que ahora sacan buenas notas puede que empeoren sus resultados y otros de los que ahora no consiguen aprobar, puede que tengan excelentes calificaciones. Antes de llevar la propuesta a todo el profesorado, nos ha parecido justo comentarlo con vosotros y saber qué pensáis.

—Mientras hablaba observaba cómo las emociones asomaban sin control a los rostros de los estudiantes. En algunos de ellos aparecía la indignación mientras que en otros, la desolación se transfiguraba en esperanza...

—¿Qué os parece la propuesta? ¿No sería mucho más justo?

Se acabó definitivamente el silencio. Todo eran ahora manos pidiendo el turno de palabra y palabras que no pudieron esperar el turno... para opinar al respecto...

En el relato, la profesora comenta que no le parece justa la forma en que califica:

1ª ¿Cuál es el criterio que ha seguido hasta ahora para calificar?
2ª ¿Por qué crees que no le parece justo?
3ª ¿Cuál es el nuevo criterio que propone?
4ª. ¿Qué criterio de evaluación os parece más justo el de antes o el de ahora? Razona tu respuesta.

Actividades

Definir la Justicia es una cuestión complicada porque no todas las personas entienden la justicia de la misma forma. Sin embargo todos hemos experimentado en alguna ocasión que *se nos ha tratado injustamente* y nos hemos alegrado cuando consideramos que *se ha hecho justicia*. Intentemos averiguar qué es lo que cada uno entendemos por *justicia*

1ª. Explica en la columna de la derecha en qué sentido se utilizan los términos justicia e injusticia en las siguientes expresiones:

El partido se perdió injustamente: el árbitro era muy *casero.*	Es injusto porque no es imparcial: Beneficiaba a uno de los dos equipos.
No me parece justa mi nota porque no responde a lo que me he esforzado.	
La juzgó injustamente: se dejó llevar por las apariencias.	
Es injusto que no pueda estudiar lo que le gusta porque no puede pagarlo.	
Me parece justo que se reserven una cantidad de plazas en la universidad para personas con minusvalías.	
Si las mujeres han pasado siglos sin acceder a puestos de poder me parece justo que ahora sean los hombres quienes pasen siglos sin acceder a ellos.	

2ª. A lo largo de la historia el ser humano ha elaborado distintas formas de entender lo que es justo. Vamos a ver algunas de ellas:

a) En muchas ocasiones se impone la voluntad del más fuerte y es él quien hace unas leyes *"a su medida"*. Continúa la siguiente historia según lo que pienses que sucederá a continuación:

"En la fiesta de cumpleaños de mi hermano pequeño, mi madre había comprado una bolsa gigante de chuches para repartir entre todos cuando se fueran. No había tenido tiempo de repartirlas en bolsitas y decidió dejarla sobre la mesa y decirles que cogieran cada uno las que quisieran, que había de sobra para todos. Los niños aplaudieron felices viendo el gigantesco montón de chuches de todos los colores, sabores y tamaños…"

- ¿Qué crees que sucedió?
- Si estuvieras entre los más fuertes ¿te parecería justo tener que renunciar a llevarte todo lo que pudieras para que otros también tuvieran?
- Si estuvieras entre los menos fuertes ¿te parecería justo que se llevaran todo los más fuertes?
- ¿Crees que habría alguna forma de resolver la situación en la que todos quedaran satisfechos?

TRASÍMACO, filósofo griego nacido en el 450 a.C. decía que **es justo que se haga aquello que decida el más fuerte**, el más poderoso. El "más fuerte" impone sus leyes. Es la misma ley que funciona en la naturaleza.

3ª. La profesora de la historia inicial propone que para ser justa y tratarlos a todos por igual es necesario considerar sus diferencias. Considera que lo justo es dar a cada uno lo debido según su situación. Valorad qué es lo que sería justo exigir en cada caso:

Facilidad para el estudio: con poco esfuerzo han sacado notas muy altas.	
Dificultad para el estudio: han conseguido notas altas con mucho esfuerzo.	
Facilidad para el estudio: no se han esforzado y han aprobado "justos".	
Facilidad para el estudio: han hecho un gran esfuerzo y han sacado notas muy altas.	
Dificultad para el estudio: se han esforzado mucho pero han suspendido.	
Dificultad para el estudio: no se han esforzado y han suspendido.	

A cada uno lo que le corresponda

Aristóteles decía que lo justo es distribuir las cargas y los beneficios de forma proporcional al mérito de cada uno. Llamó a esto **justicia distributiva.**

4ª A Jaime le gustaban muchos los relatos de ciencia ficción. Un día nos contó que había leído uno sobre un mundo en el que las personas eran *diseñadas* y *fabricadas* por científicos en unos laboratorios. A unos se les hacía buenos para estudiar e investigar. A otros se les hacía valientes y fuertes para que fueran soldados. Y a otros se les hacía de tal forma que no pensasen más que en trabajar tanto como se les ordenase: se emplearían en las fábricas, los campos, la construcción, etc. Todos eran felices porque hacían aquello que mejor sabían hacer y todo funcionaba a la perfección.

Escoger a qué te vas a dedicar pensando en el beneficio de la sociedad más que en el tuyo propio, puede llevarte a tener que escoger algo que sabes hacer muy bien pero que no es lo que tu prefieres, ¿te parece justo renunciar a ello?

LA SOCIEDAD PRIMERO

PLATÓN, otro filósofo griego, (427 a.C.) pensaba que una sociedad sólo era Justa cuando, en ella, cada uno hacía aquello que mejor supiese hacer. Así todo funcionaría a la perfección, pues cada uno hacía aquello para lo que estaba mejor dotado.

5ª. A veces es muy complicado conseguir que todos nos pongamos de acuerdo en lo que consideramos justo porque chocan nuestros intereses. Leed lo siguiente y en pequeños grupos contestad a las preguntas:

"Hoy hemos estrenado el carril bicicleta que recorre toda la playa. La gente comentaba lo bien que estaba, pero sobre todo, lo difícil que había sido convencer a algunos propietarios de que cedieran una parte de su terreno para su construcción. No todos los propietarios se negaban, pero a aquellos que no cedían, el ayuntamiento ha tenido que expropiarlos aplicando la ley de costas".

- ¿Crees que contribuye a una situación más justa el que todos los vecinos puedan acceder a la playa de manera libre?
- ¿Qué piensas de los propietarios que no querían perder su acceso directo a la playa?
- ¿Crees que es justo que se les aplique la "ley de costas" que prohíbe que un particular disfrute de ese derecho?

El utilitarismo: John Stuart Mill

La filosofía utilitarista considera que la forma justa de resolver los conflictos de intereses es analizar las consecuencias que se seguirían de las distintas opciones y elegir siempre aquella que beneficie a un mayor número de personas.

6ª. En muchas ocasiones habrás oído que no se puede ser justo si no se es imparcial. Ser imparcial significa no inclinarse por ninguno de los bandos o posiciones enfrentadas. Valora si se puede ser o no justo en las siguientes situaciones y por qué:

Andrés va a presentarse a una oposición y su padre está en el tribunal.	
Las obras que se presentaron al concurso tenían que presentarse con un pseudónimo.	
Para formar el jurado buscaron personas que no conocieran en absoluto al acusado.	
El atracador iba a ser juzgado por la juez a la que le había robado el coche.	

7ª. Imaginad que formáis parte del Consejo Escolar y tenéis que decidir unas normas justas para conseguir que mejore la limpieza del instituto.

Para seguir las indicaciones de Rawls, tendríais que imaginar la siguiente situación: estáis en el grupo de personas que van a establecer las normas con las que va a funcionar el instituto. Las normas que acordéis serán seguidas por todos. Para evitar que decidáis leyes partidistas (que os beneficien especialmente a vosotros o al sector que representáis) tenéis que imaginar que no sabéis cual es la situación que vais a ocupar en el instituto (no sabes si vas a ser administrativo, alumno, profesor…).

John Rrawls: la justicia como equidad e imparcialidad: el velo de la ignorancia.

Uno de los filósofos políticos más importantes del siglo XX, John Rawls, definió el velo de la ignorancia como requisito de una sociedad justa. Este "velo" nos impide (metafóricamente) saber cuál va a ser el lugar que ocupemos en la sociedad que funcionara según las reglas que decidamos. Solo así, decía, podríamos decidir de modo imparcial unas normas justas.

1ª **CONDICIÓN**: Las normas aprobadas han de ser consideradas justas sea cuál sea la situación que ocupéis en el instituto: tanto si sois alumnos, profesores, personal no docente, padres de alumnos, representantes del ayuntamiento o junta directiva. Es decir, ninguno de esos sectores puede sentirse perjudicado con las normas que se aprueben.

2ª **CONDICIÓN**: No se puede acordar nada que no respete la libertad, la diferencia y la racionalidad de todos.

Tres normas que consideramos justas (pero puedes añadir más):

Redacción. ¿Crees que hacer leyes sin conocer cuál es el lugar que ocuparás es un buen procedimiento para decidir unas normas justas? Ya sabes que esta asignatura siempre tienes que dar razones.

8ª. Consultando la parte de la tecría del tema, une mediante flechas cada autor con su teoría de la justicia:

La justicia como la ley del más fuerte.	John Rawls
La justicia es dar a cada uno lo que le corresponde.	John Stuart Mill (Utilitarismo)
Es justo lo que sea beneficioso para un mayor número de personas.	Platón
La justicia como imparcialidad.	Aristóteles
La Justicia como buen funcionamiento social.	Trasímaco

9ª. Une mediante flechas los cuadros según el tipo de injusticia que ves en las siguientes situaciones:

Había sacado unas notas excelentes pero no pudo estudiar la carrera que le gustaba porque no le llegaba la nota para estudiar en la universidad pública.	Género
Carla quería ser azafata de vuelo pero no tenía la talla, el peso y las medidas adecuadas.	Economía
Dijeron en las noticias que muchas personas están en prisión porque sus ideas políticas son distintas a las del gobierno de su país.	Aspecto físico
A unos alumnos les pusieron falta injustificada porque faltaron a clase para ir a celebrar el año nuevo chino con sus familias.	Ideología política
Los hijos de mis vecinos, que son musulmanes, se quedan a comer en el colegio y hay días que no toman segundo plato porque que el menú incluye carne de cerdo.	Creencias religiosas
A Elena lo que realmente le hubiera gustado es poder ser cura. Tenía una auténtica vocación.	Libertad de expresión
Escribió un artículo muy crítico con el gobierno y no permitieron que se publicara en ningún periódico.	Cultura

10ª. Ordena de menor a mayor las teorías que hemos visto según lo "justas" que te parezcan:

1.
2.
3.
4.
5.

Un aspecto muy importante de la justicia es su relación con el Derecho, que es el conjunto de leyes que crea una sociedad para garantizar la justicia.

11ª. CRUCIGRAMA

Horizontal

2. Situación en la que un juez debe dictar una sentencia.
4. Pena que se impone por haber cometido una falta o delito.
6. La justicia que regula la correcta distribución de recompensas y castigos.
9. Se denomina el tercer poder. Palabra compuesta.
10. Imparcialidad en el juicio que debe caracterizar a la justicia.
11. Que debe ser sometido a la acción de los tribunales.
12. Juez que forma parte de un tribunal.
13. Cualidad de las personas que actúan acorde a las norma morales.

Vertical

1. Premio que se obtiene por una buena acción.
3. La justicia que regula la proporción que debe haber entre cosas que se intercambian.
5. Dar a cada uno lo que se merece.
7. Actuar sin favoritismo hacia uno u otro.
8. Se reconoce en todos los ciudadanos los mismos derechos.

SOLUCIÓN

Horizontal.
2: Juicio.
4: Castigo.
6: Distributiva.
9: Poder judicial.
10: Ecuanimidad.
11: Justiciable.
12: Magistrado.
13: Honradez.

Vertical.
1: Recompensa.
3: Conmutativa.
5: Equidad.
7: Imparcialidad.
8: Igualdad.

12ª. SOPA DE LETRAS: Encuentra los siguientes conceptos: CONMUTATIVA, DERECHO, DISTRIBUTIVA, EQUIDAD, IGUALDAD, JUSTICIA, LEY, TRASÍMACO, UTILITARISMO.

N	D	O	Y	T	Z	I	E	Q	H
U	A	A	C	K	T	D	M	D	D
T	D	I	O	B	M	I	R	E	A
I	I	C	N	W	T	S	C	R	D
L	U	I	M	I	Y	T	W	E	L
I	Q	T	U	T	Y	R	W	C	A
T	E	S	T	K	G	I	M	H	U
A	M	U	A	J	O	B	V	O	G
R	H	J	T	A	W	U	P	B	I
I	K	T	I	M	Z	T	X	E	J
S	L	I	V	H	A	I	V	O	D
M	S	E	A	P	G	V	F	H	U
O	J	H	Y	E	L	A	Ñ	V	N
P	M	E	G	A	Q	O	W	B	V
Q	O	C	A	M	I	S	A	R	T

SOLUCIÓN

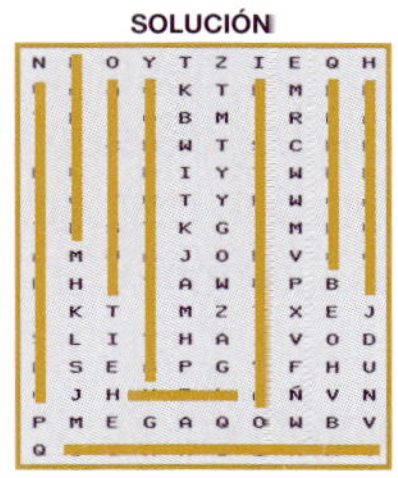

Textos

ÉTICA Y BIOLOGÍA: NEUROÉTICA

¿Hay una base biológica para nuestro sentido de la justicia?

Una investigación llevada a cabo en el 2003 en Emory University, Georgia por Frans de Waal (Biólogo) , con monos capuchinos muestra que otros animales cooperativos también poseen la capacidad de indignarse cuando se sienten tratados de forma injusta por lo que se plantea que «la aversión a la inequidad tal vez no sea únicamente humana».

Mira este video: https://youtu.be/vUYcivwNIME

FRANS DE WAAL. 1948. investigador holandés especializado en psicología, primatología yetología. Ostenta la cátedra C. H. Candler en Psicología en Emory University. Sus contribuciones incluyen la interpretación e investigación científica de las raíces biológicas de la compasión, el altruismo, y las relaciones humanas pacíficas.

Esta es la imagen con la que se representa en nuestra cultura desde muy antiguo la Justicia.

¿Qué crees que significan estos símbolos en relación con la Justicia?

Venda	
Balanza	
Espada	

Reflexión teórica

El término *justicia* ha adquirido diversos significados a lo largo de la historia, según los presupuestos ideológicos o éticos desde los que se propone su definición. Algunos de estas concepciones de la Justicia son:

JUSTICIA: "LA LEY DEL MÁS FUERTE"

Trasímaco, filósofo griego nacido en Calcedonia el 450 a. de C, afirmaba que la justicia es el interés del más fuerte.

Las leyes son dictaminadas por los que ejercen el poder con vistas a su propio beneficio o conveniencia. La justicia es aquello que beneficia, interesa y conviene al gobierno establecido, y, por lo tanto, beneficia al más fuerte.

A Trasímaco no le interesa lo que debería ser la justicia sino lo que realmente es. En este sentido, su desenmascaramiento de la hipocresía hace patente la pérdida de sentido de un ideal de justicia que vaya más allá de los egoísmos e intereses particulares y mezquinos. Por lo tanto, lo que denuncia este sofista es que, debajo de toda la parafernalia del poder nos encontramos siempre con el dominio del fuerte sobre el débil.

Equidad: Valoración que no beneficia a una de las partes implicadas, sino que intenta distribuir algo en función de los méritos o condiciones de las personas afectadas.

JUSTICIA: DAR A CADA UNO LO DEBIDO

Aristóteles fue un filósofo griego que nació el 384 antes de J.C., en Estagira, colonia griega de la Tracia. Escribió mucho acerca de la Justicia a la que considera la virtud más necesaria de todas pues no se refiere sólo a nosotros mismos sino a nuestras relaciones con los demás.

JUSTICIA DISTRIBUTIVA: reparto de bienes, derechos y obligaciones a cada uno según su mérito o demérito; en cierto sentido excluye la igualdad.

JUSTICIA CONMUTATIVA: reciprocidad: cada uno debe recibir lo que ha dado o el equivalente; lo igual por lo igual.

Utilitarismo: Para determinar si una acción es moral uno debe simplemente calcular las consecuencias buenas y malas que resultarán de ella. Si lo bueno supera a lo malo, entonces la acción es moral. Según el utilitarismo será justo aquello que aporte consecuencias buenas (beneficie) a un mayor número de personas.

JUSTICIA: LO QUE BENEFICIA A UN MAYOR NÚMERO DE PERSONAS

John Stuart Mil, representante del **utilitarismo** en Filosofía, ha sido uno de los pensadores modernos más influyentes en la conformación de la sociedad occidental contemporánea.

Según Stuart Mill, la idea de justicia supone dos cosas: una regla de conducta y un sentimiento que sanciona la regla. Lo primero debe suponerse que es algo común a toda la humanidad y encaminado a su bien. Lo otro (el sentimiento) es el deseo de que sufran un castigo los que infringen la regla.

Desde su punto de vista, se deben tener en cuenta las consecuencias que se derivan de una acción o una ley para determinar si es justa o injusta: una acción o una ley es justa cuando su realización o aplicación beneficia al mayor número de personas posible.

Imparcialidad: criterio de justicia que se basa en decisiones tomadas con objetividad. Esto quiere decir que la persona a cargo de juzgar o dirimir una cuestión no debe dejarse influir por prejuicios o intereses que lo lleven a tratar de beneficiar a una de las partes.

JUSTICIA: EQUIDAD, IMPARCIALIDAD

John Rawls es un filósofo estadounidense nacido en 1921. Es considerado como uno de los filósofos políticos más importantes del siglo XX. Su teoría política propone dos principios sobre los cuales basar la noción de justicia a partir de una posición original.

La posición original: Es una situación hipotética en la que unas personas reunidas representan a la sociedad en su conjunto. Han de decidir las reglas que gobernarán de forma justa la sociedad. Para ello es requisito imprescindible que no sepan cuál va a ser la posición social, el grupo étnico, el sexo ni otras dotaciones innatas (como el vigor o la inteligencia), de las personas a las que representan. A este requisito le llamó "**velo de ignorancia**": establece el punto de vista desde el que puede alcanzarse un acuerdo justo entre personas libres e iguales no condicionado por intereses particulares.

Los **dos principios de la justicia** son:

• Cada persona tiene el mismo derecho a unas libertades básicas que sean compatibles con las de los demás.

Las libertades básicas iguales quedan determinadas por la siguiente lista: libertad de pensamiento y libertad de conciencia; libertades políticas; derechos y libertades determinados por la integridad física de la persona y los derechos y libertades amparados por el imperio de la ley.

• Las desigualdades económicas y sociales tienen que satisfacer dos condiciones: en primer lugar, tienen que darse en condiciones de igualdad equitativa de oportunidades. En segundo lugar, las desigualdades deben redundar en un beneficio de los miembros menos aventajados de la sociedad (el principio de diferencia).

PELÍCULA

Sinopsis: Frank Galvin (Paul Newman), un maduro abogado en decadencia, es un adicto al alcohol que sobrevive gracias a pequeños y rutinarios trabajos. Un antiguo socio le recuerda el caso, todavía sin resolver, de un error médico cometido en un hospital y del que Galvin se había ocupado. No es nada fácil para él trabajar de nuevo de forma profesional, pero su tesón es tal que no tarda en averiguar que puede ganar el caso. Es entonces cuando empieza a recibir ofertas económicas para arreglar el asunto sin ir a juicio. Pero Galvin está dispuesto a jugárselo todo, tanto para conseguir una importante indemnización para los familiares como para rehabilitarse como abogado y como persona.

DERECHO

Hace más de dos meses que llevamos hablando del concierto. Nuestro grupo favorito viene a tocar estas fiestas y no me puedo creer que por fin vaya a verlos en directo. Tengo todos sus discos y me sé de memoria todas las canciones. Mis padres me dejan ir; a Julia también le dejan; y Sergio me ha dicho hoy que lo más seguro es que sus padres también le dejen. Así que sólo nos faltan las entradas. Tenemos que ir a por ellas al Ayuntamiento y nos han dicho que vayamos pronto, que se hará una cola larguísima. Lo que más rabia me da es que Cristina no vendrá, no la dejan sus padres. Ella dice que no es justo porque aprueba todas las asignaturas, pero sus padres son así.

—Hola Sergio.

—¡Por fin estamos aquí! No me lo puedo creer. Vamos a ir al concierto.

—Eso espero, porque hay un montón de gente. Nunca me había levantado tan pronto, ni cuando me fui de viaje con mis padres a Italia.

—Hola chicos, siento llegar tarde. Por decir algo. ¡Son las 7:30 de la mañana y esto está lleno!

—Ya, es increíble. Y hay mucha gente mayor…

—¿Oís eso? Me ha parecido escuchar que ya no quedan entradas.

—No puede ser, el concierto es al aire libre. En el campo de fútbol cabe muchísima gente.

Al principio de la cola:

—Pero, ¿cómo que no quedan entradas? ¡No puede ser! Si he venido uno de los primeros. Estaba aquí a las seis de la mañana.

—Lo siento señor, pero ya se han dado todas. La gente las ha reservado *on-line*. Se podían adquirir en la página web desde las doce de la noche.

—¡No lo puedo creer! ¿Dónde decía eso? ¡Yo no lo he visto!

—Esta mañana sólo quedaban 100 entradas para repartir en taquilla. La señora que ha pasado antes que usted se ha llevado las dos últimas. Lo siento mucho.

—¡Increíble! ¡Esto es increíble! Me levanto de madrugada y me quedo con cara de tonto. De eso nada, ¡no hay derecho! ¿Me oye? ¡No hay derecho! Pienso poner una queja en el Ayuntamiento. Ya verá. ¡No hay derecho! Esto no queda así.

1. ¿Por qué dice Cristina que no es justo que no la dejen ir al concierto? ¿Qué tiene que ver aquí la justicia?
2. ¿Qué quiere decir el hombre cuando exclama: "¡No hay derecho!"? ¿Habías escuchado alguna vez esa expresión?
3. ¿Crees que el hombre tiene razón? ¿Por qué?

Actividades

NORMAS. Todas las actividades que realizamos los seres humanos las llevamos a cabo de acuerdo a unas reglas. Si consideramos que nuestras acciones son una especie de juego, no podemos entenderlas sin referencia a unas reglas del juego que consideramos válidas y que establecen lo que se puede y no se puede hacer. Así pues, podemos afirmar que el comportamiento humano en cualquier ámbito se basa en unas normas. Por ejemplo, cuando comemos seguimos normas, cuando hablamos con otras personas también, cuando organizamos a un grupo de gente para realizar alguna actividad, cuando jugamos a algo...

1ª. A continuación vamos a ver qué normas solemos respetar y tener en cuenta en diferentes ámbitos de nuestra vida. Piensa en las siguientes situaciones y señala una norma que suelas respetar en dicho contexto. Te ponemos un ejemplo para comenzar:

CUANDO COMEMOS.	Utilizar los cubiertos, cerrar la boca al masticar...
EN CASA.	
AL PRACTICAR UN DEPORTE.	
EN CLASE.	
AL CRUZAR LA CALLE.	
EN LA PANADERÍA.	
EN LA PISCINA.	
EN EL AUTOBÚS.	
EN EL COCHE.	
AL SACAR AL PERRO.	

Como hemos visto a lo largo de este libro, los seres humanos vivimos en sociedad. Las sociedades son organizaciones de personas que comparten un espacio y que rigen su convivencia de acuerdo a una serie de normas. Desde hace ya muchos siglos los seres humanos hemos inventado el **DERECHO**, que es el compromiso explícito de los miembros de una sociedad de cumplir con el conjunto de normas que se consideran válidas para organizar la convivencia, por eso se hacen públicas.

2ª. Las normas que regulan nuestra convivencia se plasman en códigos escritos que abarcan diversos ámbitos. Ahora vamos a concretar un poco más, vamos a ver qué normas respetamos en diferentes situaciones y acciones de nuestra vida. Explica por qué crees que es necesario respetar las leyes que vas a leer a continuación:

- EN UNA ZONA DE ACAMPADA: Al acabar recoja todos los desperdicios y deposítelos en el contenedor correspondiente (DECRETO 6/2015)
- ZONA URBANA: prohibida la venta ambulante sin licencia (ORDENANZA MUNICIPAL 35/2014)
- EN UNA BIBLIOTECA: se ruega guardar silencio (REGLAMENTO 21/2016)
- EN AUTOPISTAS: velocidad máxima 120 Km/h (Código de Tráfico y Seguridad Vial, ARTÍCULO 7)

Pero, **¿por qué normas?** ¿Si vivimos en una democracia libre por qué no se puede hacer lo que a uno le dé la gana? Estas son preguntas que nos podemos hacer, sin embargo, es necesario que pensemos un poco más en lo que hacen las normas, pues no son tan negativas como pueden parecer.

Cuando jugamos a algo, todos podemos comprobar que quien no sigue las reglas del juego acaba por no dejarnos jugar. Algo parecido ocurre en la sociedad. Las normas sociales –las leyes– que rigen en cualquier sociedad hacen posible que los individuos se desarrollen y se relacionen en un sentido u otro; establecen los derechos y los deberes de las personas. Sin ley, cualquiera puede hacer lo que desee, sin embargo, el juego acaba pronto porque acaba imponiéndose la ley del más fuerte o del *"más listo"*. Las relaciones humanas se deben basar en la confianza en el cumplimiento de un mínimo de leyes que garanticen el respeto mutuo.

3ª Decimos que *"los derechos de unos conllevan los deberes para con otros"*, es decir, cuando alguien no cumple con una norma, las consecuencias afectan a otras personas. Analiza las siguientes situaciones y responde a las siguientes cuestiones en cada una de ellas: ¿qué normas se incumplen?, ¿en qué nos afecta al resto?, ¿qué sanciones se podría imponer?

- Esta mañana se ha detenido a dos varones de 35 años que conducían por las calles del centro de la ciudad a una velocidad de hasta 120 km/h. Los agentes han perseguido a los vehículos durante más de dos horas. Debido a la operativa policial, y con el fin de garantizar la seguridad, varias calles han permanecido cortadas. Los detenidos afirmaron que se trataba de una apuesta.
- ¡Otra vez no! ¡Estoy harto! Todos los sábados igual. Son las ocho de la mañana y ya sé qué tiempo hará el domingo y el lunes. No soporto la radio del vecino y su maldito programa de los fines de semana. En cuanto consiga salir de la cama me voy directo a su puerta y le enchufo la música de mi hermana a todo volumen. ¡Se va a enterar el tío ese!
- Luis es un alumno de primero de Bachillerato. Hoy, como algún otro día en el que hay un examen fuerte, se ha quedado estudiando en casa sin estar enfermo. Hasta ahora le ha salido bien. Su madre le ha firmado los justificantes y los profesores le han hecho el examen en otro momento. Así tiene algún día más para estudiar. Su madre, por afán de protección y por el deseo de que saque todo el curso bien, no ha dudado en justificar sus faltas. Pero al ver que Luis ya lo está convirtiendo en una costumbre, se pregunta si no le estará perjudicando…

DERECHO

¿Por qué unas normas y no otras? ¿Cómo se establecen las normas de una sociedad? ¿En qué se basa el derecho? El derecho (o conjunto de normas que rigen en una sociedad) se basa en lo que los miembros de la comunidad consideran necesario para garantizar la **convivencia** y el **respeto** mutuo. Así pues, hablamos de un **estado de derecho** cuando la convivencia de una sociedad está regida por leyes explícitas que los ciudadanos se comprometen a respetar. Todos los códigos jurídicos se guían por algún tipo de **valores** que ejercen como guía y espíritu en la elaboración de las leyes y que, a su vez, puede representar la voluntad de los ciudadanos. La **libertad**, la **igualdad** y la **justicia** son los valores fundamentales de las sociedades democráticas.

4ª. Elabora tu propio relato. Utiliza el comienzo que te proponemos y desarrolla tu propia historia. Debes continuar imaginando cómo se organizarían los supervivientes en una isla.

"Tan sólo sobrevivieron 15. Eran 8 mujeres, 4 hombres y 3 jóvenes de entre 12 y 14 años. Estaban solos, no parecía que hubiera más habitantes en la isla. Por la noche oían rugir a los animales en el bosque. Además, las provisiones que habían logrado salvar del naufragio comenzaban a escasear. A la tercera noche de su estancia en la isla, decidieron sentarse en asamblea para ver cómo se iban a organizar..."

Estado totalitario. Pero no siempre vivimos en democracia. El derecho puede organizar las sociedades en muchos sentidos. Por ejemplo, hablamos de **un estado totalitario** cuando las leyes que regulan la sociedad no respetan el desarrollo libre de las personas; en un estado totalitario la vida de las personas está controlada por las autoridades en todos los ámbitos, públicos y privados. Además, el derecho en este tipo de sociedades no es fruto del acuerdo entre los miembros de la comunidad, sino imposición arbitraria de aquellos que gobiernan.

5ª. En un régimen totalitario, los derechos y libertades de los individuos no son respetados por el gobierno. A continuación dispones de dos columnas. En una de ellas tienes prácticas llevadas a cabo en estados totalitarios, en la otra los derechos que se violan con dichas prácticas. Se trata de que unas con flechas las prácticas con los derechos que se ven vulnerados.

Durante la dictadura de Pinochet en Chile se torturaba a los presos.	Derecho a la información libre.
La Stasi, en los años 80 del siglo XX, espiaba las actuaciones políticas de los ciudadanos de la República Democrática Alemana (Alemania del Este).	Derecho a la vida y a la libertad de la persona.
Durante el franquismo los periódicos españoles eran censurados y vigilados por el gobierno; no se podían publicar críticas al régimen de Franco.	Derecho a la integridad física.
En el gobierno fascista de Benito Mussolini se enseñaba en las escuelas el ideario fascista, que incluía ideas como que la mujer debía ser madre y administradora del hogar.	Derecho a la intimidad.
Los hombres y mujeres homosexuales fueron perseguidos y asesinados durante el régimen nacionalsocialista de Hitler.	Derecho a la libertad política.
En Corea del Norte si una persona se pone en contacto con Corea del Sur y alguien oye la conversación corre el peligro de ser detenida.	Derecho a una educación libre e igualitaria.

Democracia. Como decíamos, las sociedades además de estar reguladas por el derecho deben ser democráticas. La **democracia** y el derecho están íntimamente unidas, pues es el carácter democrático del derecho lo que garantiza el cumplimiento responsable de las leyes por parte de los ciudadanos. En una democracia el poder, la autoridad, está legitimada por los ciudadanos y por ello es posible exigir el cumplimiento de la ley a todos los miembros de la sociedad. Los ciudadanos, que sólo lo somos verdaderamente en una democracia, comprendemos que nuestros derechos –las posibilidades que tenemos de desarrollar nuestras vidas– siempre vienen acompañados de deberes. Sólo así es posible el juego.

6ª. En esta actividad dispones de dos columnas: una con derechos y otra con deberes. Relaciona las dos columnas, ¿qué derecho está relacionado con cada deber? Elige una de tus respuestas y explica en 50 palabras por qué y cómo se relacionan.

- Toda persona tiene el deber de asistir en un accidente a quien lo necesite.
- Los ciudadanos tienen el deber de pagar los impuestos que les correspondan según su actividad laboral.
- El trabajador debe cumplir con las obligaciones concretas del puesto de trabajo.
- Todos los ciudadanos tienen el deber de trabajar.
- Todos los alumnos tienen el deber de estudiar y esforzarse para conseguir el máximo desarrollo según sus capacidades.
- En una democracia se debe respetar la libertad de pensamiento y la libertad religiosa.
- Los menores deben participar y corresponsabilizarse en el cuidado del hogar y en la realización de las tareas domésticas de acuerdo con su edad y con independencia de su género.
- Todos los alumnos tienen el deber de respetar las normas de organización, convivencia y disciplina del centro educativo.

- Toda persona tiene derecho a que se garantice la libertad ideológica, religiosa y de culto.
- Todos los ciudadanos tienen derecho al trabajo.
- Todos los alumnos tienen derecho a que su dedicación, esfuerzo y rendimiento sean valorados y reconocidos con objetividad.
- Los ciudadanos tienen derecho a exigir un gasto racional y razonable del gasto público.
- El trabajador tiene derecho a que se garantice la integridad física y a una adecuada política de seguridad e higiene en el trabajo.
- Toda persona tiene derecho a recibir atención médica en caso de accidente.
- Todos los alumnos tienen derecho a participar en el funcionamiento y en la vida del centro.
- Los menores tienen derecho a la salud, la seguridad y a la alimentación en el seno de la familia.

7ª. Una de las características de la democracia es lo que se denomina la **"regla de la mayoría".** Esta norma indica que las decisiones se toman en función de lo que quiere la mayoría. Pero, ¿debe ser esto siempre así? ¿Existe alguna ocasión en la que dicha regla no ha de respetarse?

Elabora un **texto argumentativo** justificando tu opinión. Una vez hayáis finalizado vuestro texto, leedlo en voz alta y discutidlo en clase.

8ª. Aún queda una cosa más para hablar de una verdadera sociedad democrática. Veamos qué dice la ley fundamental del estado español.

> **Artículo 1**
> La soberanía reside en el pueblo.
> 1. España se constituye en un Estado social y democrático de Derecho, que propugna como valores **superiores de su ordenamiento jurídico la libertad, la justicia, la igualdad y e pluralismo político.**
> 2. La soberanía nacional reside en el pueblo español, del que emanan los poderes del Estado.
> 3. La forma política del Estado español es la Monarquía parlamentaria.
>
> *Constitución española, 1978*

Puesta en común. Además de democrático de Derecho, el estado español es un estado social. ¿Qué es un estado social? Y ¿Qué es eso de valores superiores?

Un estado se organiza –"ordenamiento jurídico"– con el fin de defender y favorecer –"propugnar"– el respeto de los siguientes valores: "libertad, justicia, igualdad y pluralismo político". El **estado social** es la herramienta que garantiza la posibilidad de trabajar por el cumplimiento de dichos valores.

9ª. Los valores superiores de los que habla la Constitución suenan muy bien, pero sirven de poco si no se garantiza un mínimo de dignidad en la vida de las personas; es muy difícil hablar de la libertad o del pensamiento político si uno no tiene dónde dormir. A continuación te ofrecemos una serie de rasgos que caracterizan la vida de una persona típica de nuestras sociedades. Ordénalos según lo que consideres más necesario para lograr una vida digna.

- Una vivienda
- Automóvil
- Alimentación
- Un ordenador
- Amistades
- Religión
- Trabajo remunerado
- Jubilación
- Ambiente saludable
- Internet
- Educación
- Sanidad
- Cultura
- Televisión
- Relación afectiva

El Estado, según la Constitución española, es un estado social y democrático de Derecho cuya legitimidad reside en los ciudadanos que lo componen. Pero, ¿**quién es ciudadano**? ¿Todos los seres humanos son ciudadanos? ¿Tenemos todos los mismos derechos? Los **derechos humanos** son los derechos que tenemos todas las personas con independencia de nuestra nacionalidad o del estado en e que residamos. Un rasgo fundamental

de una verdadera democracia es garantizar y vigilar que los derechos humanos se cumplan, es decir, trabajar para que toda persona sea también ciudadano. El derecho en cualquiera de sus formas debe regirse por el respeto de los derechos humanos entendidos como la garantía para lograr una sociedad justa.

10ª. En la **Declaración Universal de los Derechos Humanos (1948)** aparecen diferentes tipos de derechos.

Los **derechos civiles y políticos** son aquellos que pretenden proteger las libertades individuales, la integridad de las personas, la propiedad privada y la participación en las tareas políticas.
Los **derechos sociales** son aquellos derechos que el estado debe garantizar para que sea posible un desarrollo digno de las personas.

A partir de estas definiciones, distribuye en dos columnas: libertad de pensamiento, libertad de residencia, derecho a la educación, el derecho a la salud, derecho a fundar una familia, el derecho a la vivienda, derecho al voto, derecho al trabajo, derecho a la seguridad social, libertad de asociación.

Derechos civiles y políticos	Derechos sociales

11ª. Ahora que te has familiarizado con los derechos humanos vas a ejercer de periodista. En esta actividad deberás escribir un artículo periodístico informando sobre alguna situación en la que se estén violando los derechos humanos. Para ello te facilitamos algunas páginas web que pueden servirte para buscar información sobre situaciones de este tipo:

Naciones Unidas:
http://www.un.org/en/documents/udhr/
http://www.ohchr.org/EN/UDHR/Documents/UDHR_Translations/spn.pdf

UNICEF: http://www.unicef.org/index.php

HR Watch: http://www.hrw.org/

Amnesty International: http://www.es.amnesty.org/index.php
http://www.amnistiacatalunya.org/edu/docs/index.html
http://www.cruzroja.es/pls/portal30/portal.portal_cre.do
https://www.es.amnesty.org/redescuelas/videos/

UN Cyberschools bus: www.cyberschoolbus.un.org

Voices of Youth (UNICEF): www.voicesofyouth.org

Amnesty Youth Urgent Actions: www.amnesty.org.uk/youth

¿Qué ocurre cuando un estado democrático incumple alguno de los derechos humanos? En principio no debería ocurrir si se cumpliera lo que venimos diciendo pero, como venimos señalando, no siempre es así. Si alguna ley de un estado va en contra de los derechos humanos, entonces podemos afirmar sin lugar a dudas que se trata de una ley injusta. En ese caso la legalidad y la justicia no coincidirían y se plantearía la posibilidad de incumplir la ley en cuestión. Hablamos de **desobediencia civil** cuando el incumplimiento de la ley vigente puede ser justificado por derechos superiores, es decir, cuando las leyes van en contra de las derechos fundamentales (de la justicia).

La "**desobediencia civil**" es "cualquier acto o proceso de oposición **pública** a una ley o una política adoptada por un gobierno, aunque sea democrático, cuando la conciencia del autor le dicta que es ilegal o no ético. Se desobedece públicamente para conseguir unos fines sociales concretos". El autor acepta el castigo para dar ejemplo. La desobediencia de las leyes **en secreto** y beneficio propio es delincuencia.

12ª. Es muy fácil interpretar incorrectamente lo que es la desobediencia civil. A menudo se utiliza como argumento en contra que así cualquiera puede incumplir la ley cuando le venga en gana. Nada más lejos de la realidad. Es importante señalar algunos rasgos de la desobediencia civil:

- La desobediencia civil exige personas conscientes y responsables
- El ejercicio de la desobediencia civil ha de ser público
- La desobediencia civil no puede chocar con otros derechos adquiridos
- La desobediencia civil siempre es pacífica
- La desobediencia civil es siempre concreta
- La desobediencia civil puede llegar a ser un deber del ciudadano

Ahora ya puedes distinguir. Señala en qué casos podemos hablar de un simple delito y en cuáles de desobediencia:

- SALTARSE UN SEMÁFORO PORQUE NO VIENE NADIE.
- DESOBEDECER LEYES DE DISCRIMINACIÓN RACIAL.
- ROBAR ARTÍCULOS DE LUJO EN UN SUPERMERCADO.
- NO TRABAJAR CUANDO LAS CONDICIONES LABORALES SON INFRAHUMANAS.
- COPIAR EN UN EXAMEN CUANDO NADIE ME VE.
- NEGARSE A PAGAR IMPUESTOS QUE FINANCIAN GUERRAS.
- NO CUMPLIR CON LAS OBLIGACIONES LABORALES.

REDACCIÓN. Elige uno de los casos que hayas señalado como desobediencia y explica en 150 palabras por qué no es un simple delito. Para ayudarte puedes buscar información sobre algún personaje famoso que haya practicado la desobediencia civil.

13ª. Te proponemos una actividad de ampliación literaria y visual. ¡Una lectura! ¡De un cómic!

THOREAU La vida sublime de M. Le Roy y A. Dan en la editorial Impedimenta.

14ª. SOPA DE LETRAS. Encuentra los siguientes conceptos: DERECHO, ESTADO, IGUALDAD, LEY, NORMA, OBLIGACIÓN, PROTECCIÓN, VALOR, CONVIVENCIA, DEMOCRACIA.

O	E	K	N	A	U	Ñ	R	E	R
D	T	I	J	I	O	N	D	P	D
A	L	G	K	C	I	O	Q	R	V
T	K	U	B	N	R	I	I	O	B
S	T	A	D	E	A	C	L	T	T
E	W	L	E	V	T	A	G	E	J
N	Y	D	M	I	O	G	K	C	Y
X	M	A	O	V	L	I	I	C	I
O	X	D	C	N	A	L	Z	I	D
T	M	N	R	O	T	B	A	O	E
K	Q	O	A	C	O	O	T	N	R
H	G	R	C	Z	T	R	D	X	E
C	E	M	I	J	F	H	R	S	C
N	R	A	A	N	N	N	V	L	H
J	S	E	R	O	L	A	V	R	O

SOLUCIÓN

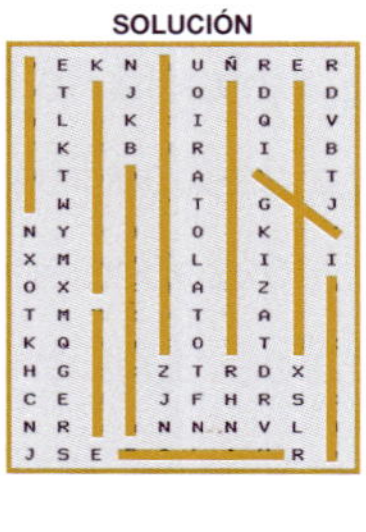

15ª. CRUCIGRAMA

Horizontal

2. Precepto dictado por una autoridad competente y de obligado cumplimiento.
6. Ley superior de un estado con la que deben estar de acuerdo todas las demás leyes.
8. Especial consideración que se siente por alguien.
9. Ordenamiento jurídico vigente.

Vertical

1. Resistencia pública y pacífica a una ley por chocar con la propia conciencia. Palabra doble.
3. Forma de organización política con poder soberano e independiente.
4. Persona con derechos y sometida a las leyes miembro activo de un estado.
5. Regla a la que se deben ajustar las conductas, tareas, etc.
7. Manera habitual de actuar o comportarse.
10. Conjunto de reglas a las que se ajustan las conductas humanas en la sociedad política.

SOLUCIÓN

Horizontal
2: Ley.
6: Constitución.
8: Respeto.
9: Legalidad.

Verticales
1: Desobediencia civil
3: Estado.
4: Ciudadano.
5: Norma.
7: Costumbre.
10: Derecho.

Textos

1º

El gran invento de la democracia griega fue imponer a todos los ciudadanos que acudiesen a discutir y a votar los asuntos que les concernían.

A nadie se le ocurriría someter una teoría científica a una votación; en cambio, tiene sentido debatir cómo organizamos la seguridad social, porque hay varias opciones, y no podemos medirlas para saber cuál es la mejor. Cada una tiene sus ventajas y sus desventajas, y benefician más a unos que a otros. Entonces, lo que hacemos es explicarlas y después decidimos cuál nos parece mejor. Corremos el riesgo de equivocarnos, claro, pero es la única alternativa a una decisión dictatorial. Por eso es tan importante aprender a valorar la democracia. En un mundo donde el 80% de la humanidad vive en una dictadura, bajo el dominio del fanatismo..., los que tenemos la suerte de vivir en la zona privilegiada del mundo no podemos pasarnos el día quejándonos como si habitáramos en un infierno.

Con la democracia puedes hacer lo que quieras menos descansar. La democracia es un régimen para no parar quieto, para estar siempre atento y vigilante, dispuesto a actuar. La democracia te da la posibilidad de intervenir, de controlar, de echar al gobierno que has puesto, porque te ha defraudado, porque descubres que es un corrupto, porque consideras que no es lo bastante competente. Pero si te cansas estás vendido. La democracia es una motivación permanente para que intervengas en la sociedad.

Fernando Savater *Ética de urgencia*

a. Explica la expresión "La democracia es una motivación permanente para que intervengas en la sociedad".

b. El autor afirma que en democracia se someten a votación cuestiones como la organización de la seguridad social. ¿Se te ocurren otras? Haz tu propia propuesta de decisiones que crees que deberían someterse a votación en una democracia.

2º.

Puede que ustedes se pregunten: "¿Por qué la acción directa? ¿Por qué las sentadas, las manifestaciones y demás? ¿No es más recomendable la negociación?". Tienen ustedes toda la razón al pedir negociaciones. De hecho, ese es el principal objetivo de la acción directa. La acción directa no violenta trata de provocar tal crisis y de inducir tal tensión, que una comunidad que ha rehusado sistemáticamente negociar, se vea obligada a enfrentarse al problema. La acción directa busca dramatizar el problema de tal modo que ya no pueda ser ignorado. Quizá pueda resultar chocante que yo diga que el provocar tensión es parte del trabajo de los activistas de la no violencia, pero debo confesar que no me da miedo la palabra "tensión". Siempre me he opuesto de manera ferviente a la tensión violenta, pero existe un tipo de tensión constructiva, no violenta, que resulta imprescindible para el desarrollo. Sócrates creía que es necesario crear tensión mental para que los individuos se liberen de las cadenas de los mitos y las medias verdades, y se adentren en un mundo liberador, de análisis creativo y de apreciación objetiva. De la misma manera, los activistas de la resistencia no violenta deben crear en la sociedad ese tipo de tensión que ayudará a los hombres a salir de las oscuras simas del prejuicio y el racismo, para ascender a las majestuosas alturas de la hermandad y la comprensión.

Expresan ustedes una gran ansiedad acerca de nuestra disposición a violar las leyes. Se trata, ciertamente, de una preocupación legítima. Puesto que nosotros instamos de forma tan diligente a todo el mundo a obedecer la resolución de la Corte Suprema de 1954, que prohíbe la segregación en las escuelas públicas, podría parecer paradójico, a primera vista, que nosotros incumplamos leyes conscientemente. Alguien podría preguntar: "¿Cómo pueden ustedes defender que se incumplan algunas leyes y se respeten otras?". La respuesta está en el hecho de que existen dos tipos de leyes: las justas y las injustas. Yo soy el primero en defender que se obedezcan las leyes justas. Todos tenemos la responsabilidad, no solo legal, sino también moral, de obedecer las leyes justas que se promulguen. Pero, a la inversa, todos tenemos la responsabilidad moral de desobedecer las leyes injustas. Estoy de acuerdo con San Agustín cuando dice que "una ley injusta no es ley".

Martin Luther King, *Carta desde la cárcel de Birmingham*

a. ¿Qué argumentos utiliza Martin Luther King para justificar que hay que crear "tensión" en la sociedad? ¿En qué consiste dicha "tensión"?
b. Explica el significado de la afirmación "todos tenemos la responsabilidad moral de desobedecer las leyes injustas".
c. Expresa tu opinión: ¿Estás de acuerdo con que hay que desobedecer las leyes injustas o crees que hay que obedecer siempre las leyes? Justifica tu respuesta.

Reflexión teórica

Las reglas de la convivencia

La vida de las personas se encuentra regulada por normas. Como hemos visto en la unidad, en todos los ámbitos rigen normas que hacen posible la convivencia y que delimitan lo que podemos o no podemos hacer. Si viviéramos solos y aislados no serían necesarias las normas, pero como ya vimos en unidades anteriores, en las sociedades convivimos personas diferentes, con intereses y objetivos diversos, que para poder convivir necesitamos unos códigos comunes que hagan posible nuestro desarrollo como personas. Piensa en un partido de fútbol. Que haya normas (como, por ejemplo, que no se pueda coger el balón con la mano e introducirlo en la portería contraria) hace posible que los jugadores y aficionados disfruten del espectáculo y se diviertan. Si un jugador hiciera eso, el "partido" dejaría de tener sentido.

¿Por qué las normas son necesarias?

Las normas establecen los derechos y los deberes de las personas, lo que podemos o debemos hacer en determinadas situaciones. Por tanto, las normas posibilitan nuestra libertad al mismo tiempo que la delimitan. Así se garantiza que seamos respetados y que nosotros respetemos a los demás. Por ello, a lo largo de nuestra infancia y adolescencia, hasta la edad adulta, nos vamos comprometiendo a cumplir con las normas que vamos adquiriendo o nos van enseñando.

Derecho

Entre las normas debemos distinguir las normas morales, aquellas que dicta nuestra conciencia libremente y que guían nuestras acciones, de las normas legales, que son aquellas que rigen nuestra conducta desde una perspectiva política. Las normas legales establecen qué es lo que podemos o no hacer, nuestros DERECHOS y qué es lo que debemos o no hacer, nuestros DEBE-

RES. Nuestros derechos conllevan los deberes de los otros hacia nosotros; y nuestros deberes son fruto de los derechos de los otros. Por ejemplo, mi derecho a respirar aire limpio conlleva el deber de otros de no fumar en lugares cerrados.

Existe, por tanto, una diferencia entre la ley y la moral. Una de las diferencias fundamentales es que la infracción de las normas legales conlleva un castigo, mientras que el incumplimiento de las normas morales no. Para que esto sea posible, las normas se encuentras escritas y establecidas por los códigos legales. El DERECHO es el conjunto de principios y normas que regulan las relaciones humanas en la sociedad y que, en principio, todos sus miembros deben respetar. En España, dichos principios y normas se encuentran establecidos en la Constitución española, aprobada en 1978.

Justicia y democracia

Pero, ¿qué criterio seguimos para establecer las normas? Las normas dependen de la noción de JUSTICIA de la que partamos. Las normas legales o leyes parece que nos vienen dadas, que no decidimos, que nosotros no hemos intervenido a la hora de decidirlas, sin embargo, en nuestras sociedades democráticas las apariencias, o los intereses, engañan.

Habrás oído decir alguna vez que DEMOCRACIA significa "gobierno del pueblo". Esto significa que las normas las determina el Estado porque los ciudadanos deciden cederle el poder para establecer las leyes y procurar su cumplimiento. En la Constitución española se establece que España es un Estado democrático y social de derecho. ESTADO DE DERECHO significa que los poderes públicos se encuentran regidos por la ley y que ésta deja un margen de libertad a los ciudadanos para decidir sobre cuestiones como, por ejemplo, la familia o la profesión. Que sea un ESTADO SOCIAL significa que el Estado debe proteger los derechos sociales de todos los ciudadanos y garantizar que todos los ciudadanos puedan vivir una vida digna, en igualdad de oportunidades y en libertad.

Pero como ya sabes, no siempre es así. Un ESTADO TOTALITARIO se caracteriza por ser aquél que interviene y decide las libertades y derechos de los ciudadanos, interfiriendo en todas las esferas de su vida. Se impone una ideología dogmática y única, el seguimiento a un líder cuya personalidad es exaltada, un partido único (ausencia de pluralismo político) y un control de todos los ámbitos de la sociedad. En un estado totalitario el gobierno no respeta las libertades y los derechos de los ciudadanos y, por tanto, la dignidad de las personas; podríamos decir que en dichos estados no hay ciudadanos.

Derechos humanos y desobediencia civil

Las personas poseemos dignidad. Cada uno de nosotros somos un ser distinto con origen, deseos, objetivos, sentimientos distintos... Pero todos compartimos ese mismo hecho, tenemos dignidad. Los DERECHOS HUMANOS se basan en la dignidad de las personas y establecen cuáles son los derechos que todas las personas debemos tener por el mero hecho de serlo. No son muchos pero son fundamentales y deben ser respetados sin restricción alguna. Los estados de derecho sociales y democráticos se comprometen a respetar y hacer cumplir los derechos humanos en cualquier circunstancia. Los ciudadanos podemos exigir su cumplimiento y por ello existen los tribunales de derechos humanos a los que poder acudir en caso de incumplimiento.

Así pues, los derechos humanos representan los valores fundamentales de lo que venimos hablando a lo largo del tema. Las leyes de una sociedad democrática deben elaborarse en el marco que se establece en la declaración de derechos humanos. Cuando esto no ocurre decimos que la legalidad choca con la justicia y tenemos el derecho, y el deber, de denunciarlo y de incumplir de forma justificada la norma en cuestión. La DESOBEDIENCIA CIVIL es justamente el derecho a incumplir una norma injusta. Como hemos visto, no se trata de saltarse la ley porque "yo lo valgo", sino de la denuncia pública y consciente de las consecuencias legales que se puedan derivar del incumplimiento de una injusticia cometida por el Estado contra los ciudadanos.

PELÍCULA

FILADELFIA

Título original: Philadelphia

Año: 1993

Director: Jonathan Demme

Reparto: Tom Hanks, Denzel Washington, Antonio Banderas, Joanne Woodward, Jason Robards, Mary Steenburgen, Ron Vawter, Robert Ridgely, Charles Napier, Roberta Maxwell, Lisa Summerour, Roger Corman, Bradley Whitford, Anna Deavere Smith.

Sinopsis: Andrew Beckett, un joven y prometedor abogado de Philadelphia, es despedido del prestigioso bufete en el que trabaja cuando sus jefes se enteran de que ha contraído el sida. Decide entonces demandar a la empresa por despido improcedente, pero en un principio ningún abogado acepta defender su caso.

MEDIOS DE COMUNICACIÓN

Y cundió la indignación. Julia estaba muy enfadada y lo estaba pagando con Joan el profesor de plástica.

—No es justo, no veo por qué no podemos colgar el vídeo.

Desde hace años, la asignatura de Plástica y Audiovisuales tenía entre sus actividades la edición de una televisión del Instituto. En realidad era un canal de Youtube en el que se iban colgando los vídeos que los alumnos iban haciendo. Generalmente eran vídeos sobre actividades del Instituto o sobre algún alumno que había conseguido algo muy especial.

Hace dos semanas hicieron un vídeo sobre un profesor que falleció el año pasado de un infarto inesperado. Fue un trauma para todos y ahora habían hecho el video para homenajearle. Hablaban varios alumnos, algunos ya no estaban en el centro y con los profesores. Incluso hablaba el concejal de deportes del ayuntamiento que había sido alumno suyo. El problema es que su hijo es alumno del instituto, ha entrado este año a primero de la ESO y su madre no quiere que le recuerden a su padre porque aún no lo ha superado. Ayer la vicedirectora le pidió a Joan que no se colgase el vídeo en Youtube y hoy Joan se lo estaba comunicando a los alumnos.

—Pero has de entender que la familia tiene derecho a que se respete la memoria de Manolo y los sentimientos de su hijo –decía Joan-. También era mi amigo y yo lo echo mucho de menos.

—Pero seguro que a él le hubiese encantado el homenaje, lo hemos hecho con mucho cariño.

—Lo sé, lo sé…

—Además, la mujer podría haberlo dicho antes de que hiciésemos las entrevistas y eso…

—Sí, pero seguramente no había pensado que a Carlos le pudiese afectar –Carlos era el hijo de Manolo, el profesor.

—Pues que no lo vea, pero al fin y al cabo Manolo era una persona muy conocida y querida en el centro, los demás también tenemos derecho a recordarlo a nuestra manera.

—Sí, pero tenemos que respetar la voluntad de la familia.

—No me convences. Tú nos has enseñado que la libertad de prensa es un derecho y no creo que en este vídeo estemos metiéndonos en la intimidad de Manolo ni nada de eso… Lo que estás haciendo es censura.

1. ¿Qué crees que se debe hacer en esta situación? ¿Le das la razón a Joan o a Julia?
2. Intenta buscar una solución intermedia.
3. ¿Qué es la censura? ¿Has oído hablar de ella alguna vez?

Actividades

1ª. En una **democracia** los medios de comunicación son muy importantes, sirven para entretenernos, pero también para informarnos. A continuación tienes tres tipos de medios de comunicación clásicos y sus ejemplos, completa la lista con al menos dos más para cada tipo:

Medio	Ejemplo Completar lista
Periódico	El País,
Radio	Onda Cero,
Televisión	La Sexta,

2ª. A tu edad es normal no prestar demasiada atención a las noticias en general, pero, si sigues alguna vez las noticias ¿con qué medio lo sueles hacer? ¿Por qué? Y tus padres, ¿cómo se informan?

- A continuación, por pequeños grupos, haced una selección de tres noticias de las que hayáis oído hablar en la última semana. Una vez hagáis esa selección, elegid una como la más importante e intentad explicar por qué habéis elegido esa.

Derecho a la información: como hemos visto en unidades anteriores, la libertad de pensamiento y expresión son fundamentales en una democracia. Pero para poder pensar libremente y expresar lo que se piensa, primero hay que conocer y estar informado. Para eso es fundamental el derecho a la información. Como ciudadanos, tenemos derecho a conocer aquellos asuntos que afectan a cuestiones públicas, en particular en el funcionamiento de los gobiernos y de la administración pública.

3ª. **¿Qué tenemos derecho a saber y qué no?** A menudo surge ese problema en los medios de comunicación. Dividid la clase por grupos y analizar los siguientes casos intentando poneros en el lugar de la persona de la que se habla. Tenéis que utilizar por lo menos un argumento para defender la postura que tomaríais. Elaborad una respuesta de unas 3 ó 4 líneas.

Situación A:

Eres un actor o actriz y la prensa se acaba de enterar de que tienes nueva pareja y tú no quieres que se sepa porque aún no has cortado del todo con tu anterior novia o novio. ¿Tienen derecho a publicarlo?

Situación B:

Eres un o una futbolista que está negociando su traspaso a otro equipo, pero aún no has cerrado el contrato. Un periodista se ha enterado de la noticia y te llama para que confirmes o no la noticia. ¿Qué contestas?

Situación C:

Eres el o la presidente del gobierno y hoy en un periódico te acusan de tener una cuenta bancaria oculta en Suiza. Tú nunca has tenido una cuenta y del periódico ni siquiera te han llamado para contrastar la noticia. ¿Qué harías?

Situación D:

Eres un o una periodista y te llega la noticia de que un importante artista tiene cáncer en fase terminal. La fuente es cierta y no hay duda de que está enfermo. No sabes si publicarlo o no, no has llamado aún al artista para contrastar o no la noticia y para saber si quiere que se publique o no. ¿Qué haces? Si llamas, ¿Influiría lo que te diga el artista?

Libertad de prensa: para garantizar el derecho a la información, es fundamental la libertad de prensa, es decir, los medios de comunicación tienen el derecho de publicar las noticias que considere de interés público. Ahora bien, la actividad del periodista se ha de enmarcar dentro de unas reglas, por ejemplo, no se pueden publicar noticias que pertenezcan a la vida privada de las personas. Asimismo, se ha de **contrastar** cualquier noticia, es decir, buscar pruebas y ponerse en contacto con el interesado para darle la oportunidad de explicar o desmentir una noticia.

4ª A continuación tienes dos frases famosas de dos importantes escritores y periodistas del siglo XX.

"El periodismo es publicar algo que molesta a alguien. Todo lo demás es relaciones públicas" G. Orwell

G. Orwell (1903-1950) es un periodista y escritor británico. Es autor de obras como *Rebelión en la granja*, *1984* (en el que se inventó la figura del Gran Hermano) o *Homenaje a Cataluña* fruto de su experiencia en la Guerra Civil Española. Fue un gran crítico de las dictaduras fascistas y soviéticas.

¿A quién crees que se refiere Orwell con molestar a alguien? Explica la respuesta y pon un par de ejemplos aunque sean inventados.

"El de los periodistas no consiste en pisar las cucarachas, sino en prender la luz, para que la gente vea cómo las cucarachas corren a ocultarse...." R. Kapuscinski

R. Kapucinski (1932-2007) es uno de los periodistas más importantes del siglo XX. Era polaco trabajó durante el régimen dictatorial pro soviético que gobernó Polonia durante más de 40 años. Fruto de esa experiencia reflexionó sobre la importancia del periodismo libre en obra como *Los cínicos no sirven para este oficio* o *Los cinco sentidos del periodista*).

¿Qué crees que quiere decir Kapucinski con la metáfora de las cucarachas? Pon algún ejemplo.

El cuarto poder: en democracia existen tres poderes, el ejecutivo, el legislativo y el judicial, pero se suele decir que los medios de comunicación son el cuarto poder por su capacidad de influir en la opinión pública. La **opinión pública** es la consideración, tendencia o preferencia de la sociedad respecto a un tema público o una persona de relevancia pública.

5ª. La televisión ocupa mucho tiempo en la vida de los españoles. En 2015 la media era de 3 horas y 54 minutos, es decir, casi cuatro horas cada día delante de la tele lo que supone alrededor de 60 días delante del televisor o lo que es lo mismo, dos meses por año.

¿Qué te parecen estos datos? ¿Mucho poco? ¿Por qué?

¿Piensas que la opinión delos espectadores eta manipulada por la cadena que ven?

A continuación calcula tú mismo cuánto tiempo de tele dedicas al año. Para eso ayúdate de esta tabla:

Lunes	Martes	Miércoles	Jueves	Viernes	Sábado	Domingo

Se trata de que en cada día calcules lo que duran los programas que ves, a partir de ahí haz la media semanal (divide entre 7); cuando tengas la media, ya sabrás cuánto ves de media cada semana. Después puedes sacar la media anual: multiplica por 365 días y el resultado lo divides por 24 (las horas que tiene cada día), así tendrás el total anual. ¿Qué te parece el resultado? ¿Estás por encima o por debajo de la media?

- Tú, ¿qué programa ves más? ¿Lo eliges tu o tus padres?
- Qué programas te gustan más? Explica por qué.

6ª. Hasta hace poco los llamados líderes de opinión eran periodistas, presentadores, actores, etc. que gracias a su popularidad en los medios de comunicación conseguían cambiar la opinión pública. Hoy en día se ha democratizado y gracias a internet, surgen nuevos líderes de opinión como por ejemplo los Youtubers. Por grupos, de cinco contestad a las cuestiones:

-¿Conoces algún Youtuber? Haz una breve descripción.
-¿Sigues a alguno? ¿Conoces a alguien que lo siga? ¿Por qué lo sigues?
-Describe alguno que recuerdes.

Manipulación mediática. La libertad de prensa es fundamental en una sociedad democrática, pero a veces los medios de comunicación se convierten en un instrumento de manipulación, es decir, crean noticias con el fin de manipular la opinión pública.

7ª. Noam Chomsky clasificó las 10 formas de **manipulación mediática** A continuación te explicamos y ponemos algunos ejemplos de manipulación que Chomsky describe. Léelos y luego relaciona cada ejemplo con el caso de manipulación con el que creas que tiene que ver. Razona la respuesta:

- La estrategia de la distracción: consiste en desviar la atención de los problemas importantes, haciendo importantes otras noticias que no los son tanto.
- Crear un problema y ofrecer la solución: se trata de crear un problema donde no lo hay para que el público demande medidas para solucionarlo.
- La estrategia de diferir: presentar algo impopular como si fuese inevitable y mostrando dolor por tenerlo que hacer.
- Mantener al público en la ignorancia y la mediocridad: el tipo de entretenimiento con programas basura o la importancia que se le da a las noticias de fútbol, etc.
- Estimular al público a ser complaciente con la mediocridad: por ejemplo, cómo se aplaude en televisión a personajes que se expresan vulgarmente o insultan, diciendo que "dicen lo que piensan" o que "son sinceros" cuando en realidad son ejemplos de mala educación.

Ejemplos:

1º "Tras la reunión de la asamblea de leones y hienas, reunieron a todos los animales de la sabana para explicar sus conclusiones: ahí estaban las gacelas, los ñus, los búfalos, las cebras, etc. mirando atentamente. Todos menos los avestruces que estaban con la cabeza en un agujero. La portavoz era una hiena que tenía cara de triste y apenada, aunque como buena hiena, no podía contener la risa en algunos momentos. Los leones y las hienas habían decidido que harían las paces y terminarían con la guerra. Pero para eso todos tenían que poner de su parte. Así que habían llegado al acuerdo de que se repartirían las presas para comer. Entonces la hiena empezó a decir las medidas a tomar: cada día se tenían que presentar 10 cebras y ñus, 4 búfalos y 16 gacelas para que se las repartiesen los leones y las hienas. La hiena ponía cara de compungida y de pena, diciendo que era una medida drástica que nadie quería tomar, pero que todos debíamos hacer sacrificios para mantener la paz."

2º "Había una vez una selva muy bonita, en la que todos los animales vivían en cierta paz. Entonces un día empezaron a llegar animales de la sabana: todos los días llegaban montones de gacelas, cebras, ñus y búfalos. Huían de los leones, que se habían aliado con las hienas y estaban acabando con todos. También llegó algún toro desde Tordesillas buscando refugio, pero eso es otra historia. Al principio todos los animales de la selva les acogieron bien. Pero entonces empezó a correr el rumor de que entre las gacelas y búfalos había leones y hienas. Nunca se demostró que las hubiese, pero al final los animales de la selva decidieron no aceptar a más animales de la selva, solucionando brillantemente el problema."

3º "En un país multicolor, había un gobierno en el que día sí y día también salían casos de corrupción, pero nadie iba a la cárcel. Entonces, un grupo de titiriteros hizo una obra en el que se burlaban de la policía, y el gobierno los metió en la cárcel por cinco días de manera que durante esos cinco días en la tele del país multicolor solo se habló de los titiriteros."

4º "En la televisión del país multicolor salía una princesa. Al principio la gente se reía de ella porque insultaba y decía palabrotas en la televisión. Pero siempre veían los programas en los que salía. Poco a poco, sin darse cuenta, la gente empezó a hablar como hablaba la princesa y un día se dieron cuenta de que se habían convertido en aquello de lo que se reían."

8ª. Como habrás observado, hay una de las formas de manipulación mediática sin ejemplo. ¿Cuál es? Pon tú un ejemplo para esa forma de manipulación y explícalo.

9ª. CRUCIGRAMA

Horizontal

4. Se dice de los nuevos medios de comunicación social.
5. Intervención secreta falseando algo para obtener un fin oculto.
9. Medio telefónico para enviar mensajes breves al público.
11. Publicación especializada que aparece semanalmente.
12. Conjunto de publicaciones periódicas tanto generalistas como especializadas.
13. Medio de comunicación y entretenimiento ya antiguo.

Vertical

1. Modificar o prohibir por la fuerza una publicación.
2. Publicación de información general que sale todos los días.
3. Lo que se supone que piensa la gente. Palabra compuesta.
6. Se dice de la prensa. Palabra compuesta.
7. Nuevo medio de comunicación para publicar tus imágenes .
8. Dispositivo portátil de moda que permite conectarse a Internet.
10. Medio on line que te permite hacer amigos y escribirte con ellos.

SOLUCIÓN

Horizontal
4: Redes.
5: Manipulación.
9: Twiter.
11: Semanario.
12: Prensa.
13: Radio.

Vertical
1: Censura.
2: Periódico.
3: Opiniónpública.
6: Cuartopoder.
7: Youtube.
8: Tableta.
10: Facebook.

10ª. SOPA DE LETRAS: Encuentra los siguientes conceptos: CONTRASTAR; NOTICIARIO; PERIÓDICO; PROTECCIÓN; RADIO; ROJO; TELEVISIÓN; TRASPARENCIA; VERDAD.

A	Z	U	D	E	S	S	S	T	D
Q	V	K	N	Ñ	R	A	D	I	O
M	O	Z	L	E	A	R	N	O	N
V	L	R	P	N	I	V	P	I	X
G	T	O	X	O	C	E	E	R	J
Y	E	J	Y	I	N	R	R	A	C
E	L	O	E	C	E	D	I	I	O
O	E	E	T	C	R	A	O	C	N
Q	V	S	E	E	A	D	D	I	T
K	I	U	D	T	P	Y	I	T	R
X	S	C	N	O	S	X	C	O	A
F	I	A	V	R	A	X	O	N	S
S	O	K	O	P	R	U	W	D	T
X	N	H	I	M	T	E	H	V	A
U	J	B	X	T	F	I	Z	A	R

SOLUCIÓN

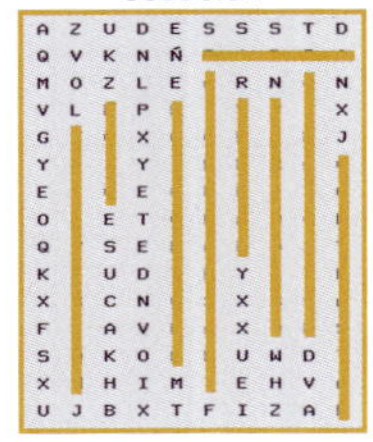

Textos

1º.

"Ver la tele" es para muchas personas sinónimo de perder el tiempo, mientras que "leer" o "ver cine" siempre se observa como un acto encomiable, por mucho que lo que se lea o se vea puedan ser a veces productos de bajísima calidad. Esta barrera no se ha superado.

Una tendencia cada vez más actual es **ver contenidos televisivos pero fuera de la tele**. Muchas personas afirman no ver nunca la televisión, pero se refieren sólo al electrodoméstico porque usan otros aparatos (ordenador, móvil) para acceder a espacios elaborados para este medio (series o programas). La tele se ha convertido en realidad en la mediana pantalla y ha dejado lo de pequeña para otros utensilios. **El consumo tradicional pierde seguidores**, mientras que otros modos ganan adeptos. No hay duda de que son las nuevas generaciones las que más dan la espalda a las maneras clásicas de ver contenidos televisivos y prefieren administrárselos según su conveniencia sin filtros ni interrupciones. Las audiencias ya no sólo hay que leerlas durante la emisión porque cada vez existen más ventanas en las que localizar a posibles consumidores.

Al margen de estas tendencias se encuentra ese grupo de personas que no considera la televisión necesaria para su vida (para su ocio o su entretenimiento) y no dispone de aparato en casa desde mucho antes a que proliferasen las modas de ver productos a través de internet. Son aquellos que de verdad **no saben qué es 'Sálvame'** y que jamás han gastado un minuto de su vida en seguir 'Gran Hermano'. Los hay. **Y no son tan pocos como creemos**. Hay que tener en cuenta que las grandes apuestas televisivas, las que más éxito consiguen ('La voz', 'Tu cara me suena', 'Mar de plástico' o 'Deluxe') mueven a un grupo de espectadores en torno a los tres millones. ¿Qué pasa con el resto? ¿Qué ven?

Mikel Labastida *¿Qué ven los que no tienen tele?* Las Provincias

- ¿Te parece raro que alguien no tenga tele? ¿Por qué?
- ¿Conoces a alguien que no tenga tele? ¿Crees que podrías no tener tele? ¿Qué cambiaría en tu vida si no tuvieses tele?
- Contesta a la última pregunta del texto ¿Qué crees que ven los que no tienen tele?

2º

Lo difícil de ser periodista

Algunos alumnos, cuando llegan a la Facultad de Ciencias de la Información a estudiar Periodismo quieren ser corresponsales (a ser posible de guerra) o reporteros (también, a ser posible de sucesos lejanos y violentos), o ¿por qué no? Directores de un periódico como Pedro J. Ramírez y estrellas de la radio como Luis del Olmo o Iñaki Gabilondo. Estos son algunos ejemplos, y todos los años ocurre lo mismo, de respuestas ante la pregunta ¿Qué queréis ser en el mundo del Periodismo cuando terminéis los estudios? Algunos, incluso, han llegado a contestar: queremos ser famosos. Esto que puede resultar muy cómico, es patético ¿Por qué te cuento estas cosas? En primer lugar, es conveniente que tengas claro qué quieres estudiar. Para ser famoso, y de paso ganar mucho más dinero, hay otras vías como, por ejemplo, "Gran Hermano", "Operación Triunfo" y, si se te da bien el deporte, el tenis o el fútbol.

¿Te han dicho en alguna ocasión que eres muy cotilla? Cuantas más veces te lo digan, más cerca estás de la idea de periodista. No obstante, un periodista es un profesional de la información (que nos cuenta lo que ocurre) y/o de la comunicación (cuando, además, domina el medio). Un periodista tiene que ser un experto en la elaboración de informaciones sobre hechos e ideas que han ocurrido en el presente o relacionados con él, que tienen que ser de interés para la comunidad y que se transmiten y difunden a través de los medios de comunicación.

Extraído de Media Prensa Web del Ministerio de Educación

- ¿Es lo mismo salir en la tele que ser un periodista? ¿Cuál crees que es la diferencia?
- En el texto se habla de Iñaki Gabilondo o Pedro J. Ramírez, ¿saber quiénes son? ¿Conoces a algún otro periodista?
- ¿Qué características tiene un periodista según el texto? ¿Podrías elaborar una definición?

3º.

"Reproduzca esta información, hágala circular por los medios a su alcance: a mano, a máquina, a mimeógrafo, oralmente. Mande copias a sus amigos: nueve de cada diez las estarán esperando. Millones quieren ser informados. El terror se basa en la incomunicación. Rompa el aislamiento. Vuelva a sentir la satisfacción moral de un acto de libertad. Derrote el terror. Haga circular esta información".

Rodolfo Walsh

- ¿Por qué crees que dice el autor que "el terror se basa en la incomunicación"?
- **Redacción:** ¿puede haber libertad sin información? 150 palabras.

Reflexión teórica

Los medios de comunicación y la democracia

Entre las varias características de las sociedades democráticas, está la opinión pública. Se trata de la consideración, tendencia o preferencia de la sociedad respecto a un tema público o una persona de relevancia pública. En su configuración intervienen muchos factores, pero sin duda los medios de comunicación son fundamentales. La información que los ciudadanos reciben a través de dichos medios, ayuda a crear dicha opinión.

Los principales medios de comunicación en la actualidad son la televisión, la radio y el periódico, aunque en la actualidad fruto de la revolución en las comunicaciones, han surgido toda una serie de medios de comunicación como Twitter o Youtube, por no hablar de los periódicos digitales.

El derecho a la información

Por tanto, la información en una sociedad democrática es un derecho y una sociedad libre a de garantizar ese derecho a la información. Para que se produzca es necesario que los periodistas puedan realizar su trabajo con libertad. La libertad de prensa es por tanto uno de las condiciones necesarias para una sociedad democrática. Eso no quiere decir que un periodista pueda publicar lo que quiera. El periodismo es una profesión y, por tanto, se ha de ejercer con responsabilidad igual que hacen los médicos, los profesores, los policías, abogados, etc., tiene una serie de reglas que deben seguir para ejercer su profesión con responsabilidad, es lo que se llama código deontológico. Algunas de la reglas de dicho código son las siguientes:

1. El derecho a la información tiene como límite el derecho a la intimidad. El periodista tiene derecho a informar aquello que le interese a la opinión público, especialmente en asuntos relacionados con la política, economía, cultura, ciencia, sociedad o deporte, ahora bien, eso no quiere decir que se pueda publicar todo sobre esos temas, por ejemplo, hay que respetar la intimidad y la vida privada de las personas.

2. Hay que contrastar las noticias. Cuando se publica algo, hay que contrastar las noticias, es decir, hablar con todas las partes. Por ejemplo, si a un periodista le llega la noticia de que un importante político ha sido acusado de corrupción, el periodista ha de llamar a dicho político para preguntarle qué opina del tema, si es verdad o no, etc. Que el político conteste o no ya entra en su responsabilidad. Se trata de dar la oportunidad al interesado de explicarse o desmentir una noticia.

3. Las fuentes pueden ser secretas y no desvelarse. Cuando un periodista recibe una información, no siempre se puede publicar la fuente. La fuente es el origen de la información. Ahora bien, un periodista puede investigar, contrastar una noticia y publicarla sin decir la fuente para no ponerla en peligro.

Los medios de comunicación de masas

A menudo los medios de comunicación se han convertido en medios de comunicación de masas. Eso quiere decir que son medios a los que siguen una importante parte de la población. Eso les da un enorme poder y hace que se hable de ellos como el cuarto poder pues son capaces de cambiar la opinión pública.

Además de eso, algunos medios como la televisión son desde hacer décadas formas de ocupar el ocio de la gente. De hecho, como hemos visto, cada español ve la televisión de media unos dos meses al año.

Los nuevos medios de comunicación

La aparición de internet ha cambiado el modo de informarse y ha hecho más plural los modos de informarse. Mientras que cada vez hay menos periódicos en papel, en internet proliferan los periódicos digitales. Algunas figuras como los youtubers, también se han convertido en líderes de opinión, especialmente entre adolescentes, es decir, que tienen capacidad para cambiar la opinión pública en ciertas franjas de la sociedad. Por otra parte, algunas redes sociales como Twitter se pueden convertir en medios de comunicación en la medida en que tienen una gran capacidad de difundir una noticia. Además, gracias a figuras como en trending topic permiten saber qué temas interesan más a la sociedad en un determinado momento. En definitiva, estos medios de comunicación nuevos están rompiendo el monopolio de los medios tradicionales y en gran medida democratizando la información. Como aspecto negativo habría que señalar que en estos medios de comunicación no siempre se respetan los códigos deontológicos con el mismo rigor del periodismo tradicional.

El problema de la manipulación

Por desgracia, los medios de comunicación pueden ser también medios de manipulación, es decir, que olviden su función de informar y se dediquen a querer influir en la opinión público sirviendo al poder. Noam Chomsky habló de diez estrategias de manipulación política, es decir, diez formas que los medios utilizan para manipular:

1. La estrategia de la distracción: dar importancia a noticias insignificantes, para distraer la atención del público respecto de las que sí lo son.

2. Crear problemas y ofrecer soluciones: crear un problema donde no lo hay y luego dar una solución para apuntarse el mérito.

3. Estrategia de la gradualidad: ir introduciendo una serie de medidas inaceptables, pero poco a poco, como un cuentagotas, para no provocar indignación.

4. La estrategia de diferir: presentar una medida impopular como si es inevitable y como si el que la aplica estuviese en desacuerdo.

5. Dirigirse al público como criaturas de poca edad: ocurre a menudo en la publicidad, que se habla a la audiencia como si fuesen niños.

6. Utilizar el aspecto emocional más que la reflexión: en vez de usar argumentos racionales sobre una cuestión, utilizar los sentimientos.

7. Mantener al público en la ignorancia y la mediocridad: si los programas que ofrecen en los medios de comunicación, son mediocres y ensalzan la ignorancia, al final la audiencia es mediocre y ensalza la ignorancia.

8. Estimular al público a ser complaciente con la mediocridad: consiste en que se presente lo mediocre como lo normal y aceptable. Poner de moda el ser ignorante con argumentos como, "así demuestra que es humano".

9. Reforzar la autoculpabilidad: hacer que el que es víctima de una injusticia se sienta culpable, como el que es víctima de una estafa y se dice que es por ignorante, o el que está en paro que se dice que es porque no se ha sabido reciclar.

10. Conocer a los individuos mejor que lo que ellos se conocen: emplear el conocimiento que la ciencia ha conseguido para conocer y controlar a la ciudadanía.

PELÍCULA

Sinopsis: 1972, dos jóvenes periodistas del diario The Washington Post, Bob Woodward (Robert Redford) y Carl Bernstein (Dustin Hoffman), comienzan a investigar lo que parece ser un simple allanamiento del cuartel general del Partido Demócrata en Washington. Sus descubrimientos desencadenan el llamado 'caso Watergate', que provocó la dimisión del presidente Richard Nixon.

GÉNERO

Hoy he quedado con los compañeros de clase para comer. Casi siempre me toca sentarme con “las chicas” porque algunas de mis amigas siempre insisten en que me siente con ellas y por no discutir… Pero la verdad es que estoy un poco harta. Me gusta más hablar con Andrés y Cristina, pero a mis amigas no les caen muy bien.

—¡Julia! ¡Julia! Ven, te he guardado un sitio aquí.
—Da igual Clara, no te preocupes. Les estoy guardando un sitio a Cristina y a Andrés.
—Que sí, vente, no seas así. Te he dejado un hueco entre Mónica y Sara.
—No, en serio, me quedo aquí. Luego hablamos.
—Qué rara eres, Julia. Bueno, haz lo que quieras.

Mientras tanto, al final de la mesa los chicos llaman a Andrés:

—¡Andrés! ¡Corre! Vamos hacia la esquina, que están los otros.
—No, yo paso, me aburre el fútbol, y Paco y tú sólo sabéis hablar de eso.
—Que no, que hablamos de otras cosas. Va, vente conmigo y deja a los “frikis” esos.
—Que no David, que me quedo aquí. Y no te metas con ellos.
—Vale, vale, si lo que quieres es estar con tus amiguitas…
—¡Que no es eso!
—No, ¡qué va! Si lo sabré yo.
—Bueno, lo que tú quieras.

1. ¿Has vivido alguna vez una situación similar en la que se separen chicos y chicas?
2. ¿Por qué crees que ocurre eso? ¿De qué hablan los chicos? ¿Y las chicas?
3. ¿Qué crees que quiere decir Clara con “raros”?, ¿Qué es un “friki”?, ¿Qué es lo que sabe David? ¿Por qué crees que Andrés quiere sentarse con Sergio, Cristina y Julia?

HOMBRES Y MUJERES EN EL MUNDO
(Por edades, año 2013)

Nacimiento: (H: 53,5% – M: 46,5%)
0-14 años: (53,5% – 46,5%)
15-24 años: (53% – 47%)
25-54 años: (51% – 49%)
55-64 años: (48% – 52%)

Actividades

Los seres humanos nacemos machos o hembras, pero hablamos de hombres y mujeres. ¿Qué diferencia hay? ¿Te has planteado alguna vez qué es una mujer o un hombre? A lo largo de las siguientes páginas averiguaremos algunas cosas sobre unos y otros.

1ª. Las personas tienen una imagen de cómo tienen que ser los hombres y las mujeres. Un **estereotipo** es la imagen mental que tenemos de cómo es un determinado grupo de personas: los alemanes son…, los españoles son todos…, las mujeres son…, los hombres son… Los estereotipos de **género** se refieren a cómo cree una gran parte de la población que deben ser las mujeres y los hombres. A continuación tienes una serie de afirmaciones que debes completar con 'hombre' o 'mujer'.

- "A........................ les encanta ir de compras".
- "........................ quieren dedicarse al cuidado de sus hijos".
- "........................ no lloran".
- "........................ son sensibles y amables".
- "La amistad es sincera y leal entre............................"
- "........................ son unas máquinas sexuales".
- "........................ no necesitan cuidarse".
- "........................ prefieren el amor al sexo".
- "........................ no deben ser sensibles ante los demás".
- "La amistad es conflictiva entre............................"
- "........................ les gustan las películas románticas".
- "........................ les encanta el deporte"
- "........................ les gusta que les protejan y cuiden".
- "........................ actúan de modo agresivo".
- "........................ sólo piensan en casarse y tener hijos".
- "........................ disfrutan leyendo el periódico".
- "........................ les encanta competir y ganar".
- "........................ son más inteligentes".
- "........................ no se enteran de nada".
- "........................ tienen que preocuparse por el resto de la familia siempre"
- "........................ siempre te necesitan para todo".

2ª. Rellena una tabla con lo que piensas sobre hombres y mujeres. Tienes que incluir todo tipo de datos; empieza ordenando las frases del ejercicio anterior según lo que hayas contestado y añade otras referidas, por ejemplo, a la forma física, las profesiones, las habilidades de cada uno de ellos:

	MUJERES	HOMBRES
FORMA FÍSICA		
PROFESIONES		
HABILIDADES		
OCUPACIONES		
AFICIONES		
INTERESES		
RELACIONES		

a. Ahora, intercambia lo que has asignado a cada uno de ellos (por ejemplo, donde decías "Los hombres..." escribe ahora "Las mujeres...") ¿Consideras que es posible hacer el cambio en todo lo que has puesto? ¿En cuáles sí y en cuáles no? Justifica tus respuestas.

b. ¿Qué características crees que son biológicamente del hombre o de la mujer? ¿Cuáles crees que se han ido formando conforme la persona ha crecido en una familia, rodeada de amigos, de la sociedad en general, de los medios de comunicación...?

Los **roles de género** son los actitudes y comportamientos asignados a hombres y mujeres en la sociedad. La realidad es que a lo largo de nuestra vida multitud de fuerzas sociales, políticas y económicas configuran cómo debemos ser hombres y mujeres, a qué debemos dedicarnos, cómo debemos ser felices, etc.

La **corresponsabilidad** es el reparto de responsabilidades y tareas de una forma equitativa entre todos los miembros de la familia. Entre estas tareas se incluyen las domésticas (como la limpieza, la cocina o la gestión económica) y las familiares (los cuidados de los niños o las tareas relacionadas con la educación)

3ª. Lee las siguientes presentaciones y marca la casilla correspondiente. Sólo puedes marcar una casilla para cada apartado. Elige dos y justifica tu respuesta en 50 palabras.

TRABAJO EN UNA COCINA, VOY DE BLANCO, LLEVO UN GORRO ALTO Y HAGO LA COMIDA PARA LAS PERSONAS QUE ME PAGAN.

Hombre ☐ ☐ Mujer

VIGILO LAS CALLES, ORGANIZO EL TRÁFICO... ; CASI SIEMPRE LLEVO UNIFORME.

Hombre ☐ ☐ Mujer

MI TRABAJO ES ENSEÑAR A NIÑOS Y NIÑAS EN UNA ESCUELA.

Hombre ☐ ☐ Mujer

CUANDO ESTÁS ENFERMO ACUDES A MÍ. YO DIAGNOSTICO LO QUE TE PASA Y TE CURO EN UN HOSPITAL O VOY A TU CASA A VER CÓMO ESTÁS.

Hombre ☐ ☐ Mujer

VIENES A MI NEGOCIO CUANDO QUIERES QUE TE CORTEN EL PELO, O PARA QUE TE PEINEN BIEN PARA IR A UNA FIESTA.

Hombre ☐ ☐ Mujer

CUIDO LAS PLANTAS DE TU CIUDAD O DE TU JARDÍN. RIEGO, PODO Y PLANTO FLORES, DESPEJO LA MALEZA.

Hombre ☐ ☐ Mujer

TRABAJO EN UN HOSPITAL CUIDANDO ENFERMOS: LES TOMO LA TEMPERATURA, LES DOY LA MEDICINA, LES LIMPIO Y LES DOY DE COMER.

Hombre ☐ ☐ Mujer

TRABAJO LA TIERRA. CULTIVO LAS PLANTAS Y FRUTOS QUE NOS COMEMOS.

Hombre ☐ ☐ Mujer

LIMPIO EN MUCHOS SITIOS. TRABAJO EN EDIFICIOS COMO ESCUELAS, HOSPITALES, BANCOS, OFICINAS, ETC.

Hombre ☐ ☐ Mujer

CONDUZCO UN VEHÍCULO GRANDE, A VECES AUTOBUSES Y OTRAS CAMIONES DE MERCANCÍAS.

Hombre ☐ ☐ Mujer

DIRIJO TU PAÍS. ME ELIGEN CADA CUATRO AÑOS. MI TRABAJO CONSISTE EN SOLUCIONAR PROBLEMAS Y HACER MEJOR LA VIDA DE LOS CIUDADANOS.

Hombre ☐ ☐ Mujer

Las mujeres dedican 4 horas y 29 minutos al día al cuidado del hogar y la familia, mientras que los hombres destinan 2 horas y 32 minutos a ese tipo de actividades. Un 44'53% de las mujeres hacen las tareas del hogar solas frente a un 9'66% de los hombres.

4ª. ¿Crees que en tu casa las tareas están igualmente repartidas? Rellena la siguiente tabla indicando quién realiza cada tarea e indica también cuántas horas dedica a ello cada día de la semana.

Padre ☐ Madre ☐ Hijos ☐ Otra ☐ Fregar los platos, poner lavavajillas...

Padre ☐ Madre ☐ Hijos ☐ Otra ☐ Llevar las cuentas: dinero para la compra, material escolar, ropa,...

Padre ☐ Madre ☐ Hijos ☐ Otra ☐ Hacer la colada: lavar, planchar, plegar y guardar la ropa,...

Padre ☐ Madre ☐ Hijos ☐ Otra ☐ Seguir el rendimiento escolar de los hijos: deberes, exámenes, hablar con profesores,...

Padre ☐ Madre ☐ Hijos ☐ Otra ☐ Planificar y hacer la compra,...

Padre ☐ Madre ☐ Hijos ☐ Otra ☐ Bajar la basura.

Padre ☐ Madre ☐ Hijos ☐ Otra ☐ Fregar el baño, la cocina,...

Padre ☐ Madre ☐ Hijos ☐ Otra ☐ Conseguir ingresos.

Padre ☐ Madre ☐ Hijos ☐ Otra ☐ Sacar al perro.

Padre ☐ Madre ☐ Hijos ☐ Otra ☐ Ir al banco y hacer las gestiones.

Padre ☐ Madre ☐ Hijos ☐ Otra ☐ Pago de facturas, contratos, declaración,...

Padre ☐ Madre ☐ Hijos ☐ Otra ☐ Decidir el tiempo de ocio familiar.

Las mujeres en España cobran de salario medio anual un 22 por ciento menos que los hombres: 19.502 euros frente a 25.001 euros. Una pensionista percibe al mes una media de 597,21 euros, mientras que la pensión media de un varón es de 971,92.

La tasa de riesgo de pobreza es mayor en el caso de las mujeres: 21,3 por ciento frente al 20,1 por ciento en el caso de los hombres. El 15,2 por ciento de las mujeres tiene unos ingresos menores o iguales al salario mínimo interprofesional, que es de 641,2 euros al mes, ese porcentaje se reduce al 5,6 en el caso de los hombres.

"En las pruebas de acceso a la universidad, las mujeres son mayoría y, además, consiguen más aprobados: 55,7 por ciento de mujeres por 44,3 por ciento de aprobados que son hombres.
El 54,1 por ciento de los estudiantes universitarios son mujeres y su presencia es mayoritaria en todas las ramas, excepto en las ingenierías.
El rendimiento de las mujeres en los títulos de grado y máster casi supera en diez puntos porcentuales al de los hombres: el 71,4 por ciento frente al 61,8 por ciento.
El 61,1 por ciento de los lectores de tesis doctorales con menos de 34 años son mujeres."

Fuente: Diario Público, La desigualdad de la mujer, en cifras, (03/2012)

5ª. Teniendo en cuenta los datos anteriores te proponemos un trabajo de campo. Con la ayuda de tus profesores, tienes que averiguar qué es lo que ocurre en tu centro escolar. Pregunta por los resultados académicos de las diferentes clases y niveles de tu centro y realiza una comparativa entre hombres y mujeres para ver si se dan resultados parecidos en la enseñanza secundaria de tu centro a los que has leído en el cuadro.

NIVEL	CURSO	ASIGNATURA	APROBADAS	APROBADOS	MEDIA MÁS DE 7 CHICAS	MEDIA MÁS DE 7 CHICOS
2º ESO	B	MATEMÁTICAS	13	8	7	2

6º. Hoy en día la **publicidad** y los medios de comunicación en general son uno de los principales agentes a través de los cuales se transmite la imagen de los hombres y de las mujeres en la sociedad. Te proponemos que analices un programa de televisión de los llamados de "tertulia" (política, deportiva, social...) y un anuncio publicitario en el que salgan mujeres y hombres. Puedes seguir el siguiente esquema:

a. Analiza lo que ves:
- ¿Cuántas personas aparecen? ¿Cuántas son mujeres y cuantos hombres? ¿Aparecen más seres humanos o más objetos y productos?
- ¿Dónde se desarrolla la acción? ¿Cómo son las personas físicamente: hombres, mujeres, mayores, jóvenes, guapos, feos, gordos, etc.? ¿Qué llevan puesto? ¿Qué imagen pretenden dar?
- ¿Cuál es el papel de cada una de las personas y objetos del anuncio? ¿Las figuras humanas interactúan o son independientes?
- ¿Hay presentador o colaboradores? ¿Hay voz en off? ¿De qué sexo?

b. ¿A quién va dirigido el programa? ¿A quién va dirigido este anuncio? Responde a las siguientes preguntas sobre el perfil de la persona que a tu parecer busca atraer:
- ¿Qué tipo de personalidad tendría? ¿Qué gustos tendría la persona a la que va dirigido el anuncio? ¿Qué hobbies tendría?
- ¿A qué clase social pertenecería? ¿Por qué? (El producto es caro/barato, las personas salen en un entorno acomodado, chalés lujosos, etc.) ¿A qué edad se dirige? ¿A qué se dedicaría?
- ¿Va dirigido a una mujer? ¿A un hombre? ¿A los dos? Razona tu respuesta.

El 33% de los jóvenes españoles de entre 15 y 29 años, es decir, uno de cada tres, considera inevitable y aceptable en algunas circunstancias controlar a su pareja. Tanto en el caso de chicos como de chicas.

Fuente:
Centro de Investigaciones Sociológicas, La percepción de la violencia de género en la adolescencia y la juventud (01/2015)

Publicidad: Un poderoso medio de transmisión de roles.

En las **relaciones de pareja** se puede observar de forma muy clara la aparición de estereotipos y roles masculinos y femeninos. La protección, el cuidado, el cariño, el perdón, la decisión... son roles de pareja que unos y otros esperamos del otro y en muchas ocasiones se presentan como comportamientos naturales de los hombres o de las mujeres. La relación de propiedad en la pareja aparece como natural pero no lo es. Los celos, el control y el dominio no son actitudes naturales, pues chocan con el vínculo que asegura el amor entre personas: el respeto.

7ª. La igualdad y el respeto mutuo es el único requisito que puede exigirse entre los miembros de una pareja. Contesta a las siguientes preguntas pensando en cómo te gustaría que fuera tu relación de pareja:

	Nada	Poco	Totalmente
• Confío en mi pareja y en lo que me dice:			
• Mi pareja confía en mí y en lo que le digo:			
• Respeto sus decisiones sin enfadarme:			
• Respeta mis decisiones sin enfadarse:			
• Conmigo se siente libre de decir lo que piensa:			
• Me siento libre de decir lo que pienso:			
• No dependo de mi pareja y hago cosas por mi cuenta:			
• Mi pareja es independiente y hace cosas por su cuenta:			
• Yo en mi pareja aporto cariño, cuidados y atención:			
• Mi pareja aporta cariño, cuidados y atención:			
• Controla tu móvil y con quién hablas en las redes:			
• Controlas su móvil y con quién habla en las redes:			
• Cuando discutimos rompe, golpea o arroja objetos:			
• Cuando discutimos rompo, golpeo o arrojo objetos:			
• Me dice mucho que no soportaría que le dejara, no sabría lo que haría:			
• Me dice que sus celos son la prueba de lo mucho que me quiere:			
• Alguna vez me ha dado un empujón o bofetada:[1]			

[1] Junta de Andalucía

8ª. Muchas veces escuchamos que es una exageración el tema del machismo, que hay ocasiones en las que las mujeres se quejan cuando en realidad "no es para tanto". Un caso de este tipo son los piropos. Parece que es algo muy propio de los machos piropear a las hembras y éstas deben sentirse agradecidas. Si eres hombre contesta a las siguientes preguntas; si eres mujer observa qué contestan tus compañeros y describe algún ejemplo que conozcas.

- ¿Has piropeado a alguna mujer? Escribe dos piropos que hayas dicho o que hayas escuchado.
- ¿Alguna vez te han agradecido tus "piropos"? ¿En qué piensas cuando piropeas? ¿En ti? ¿En ella? ¿En los que escuchan?
- ¿Cómo crees que se siente la mujer cuando la piropean? ¿Agradecimiento? ¿Miedo?
- ¿Crees que las mujeres se visten para que las "piropeen"? ¿Y los hombres?
- ¿Decir piropos es algo natural en los hombres?
- ¿Te gustaría que el "piropo" se lo dijeran a tu madre, hermana, novia, esposa, hija o amiga? ¿Por qué?

El **machismo** es la actitud que considera que el hombre es superior a la mujer y que, por ello, la mujer debe adoptar un papel secundario en todos los ámbitos de la sociedad. El machismo se muestra en diferentes espacios: en las familias, en los ámbitos laborales, en la publicidad, en los deportes… El machismo es la causa principal de la violencia sobre las mujeres; la violencia sobre la mujer adopta muchas formas: puede ser simbólica (a través de la promoción de un tipo de mujer ideal) o en forma de maltrato psicológico o físico (violencia de género o machista)

9ª. Señala si son verdaderas o falsas las siguientes afirmaciones sobre la violencia machista o de género. Compara tus respuestas con las de tus compañeros y elegid aquella afirmación en la que más desacuerdo hayáis mostrado. Organizaos en dos grupos (según la respuesta) y elaborad argumentos para defender vuestra afirmación.

- V ☐ F ☐ La causa principal de la violencia de género es el alcohol u otras drogas.
- V ☐ F ☐ Solo puede hablarse de maltrato a la mujer cuando el hombre le pega
- V ☐ F ☐ Los casos de maltrato suelen iniciarse ya desde el principio, de novios.
- V ☐ F ☐ Cuando una mujer maltrata a un hombre, es violencia, pero no de género.
- V ☐ F ☐ Los hombres maltratadores suelen ser violentos dentro y fuera de casa.
- V ☐ F ☐ La causa principal de la violencia de género: al maltratador se le va la cabeza.
- V ☐ F ☐ Si la mujer no aguantara realmente la situación de maltrato, se iría de casa.
- V ☐ F ☐ Ellos maltratan porque han sufrido maltrato en su infancia.
- V ☐ F ☐ La causa principal de la violencia de género es el machismo.
- V ☐ F ☐ En el amor hay alguien predestinado para cada persona.
- V ☐ F ☐ Mostrar celos es normal, los celos son una prueba de amor.
- V ☐ F ☐ En las relaciones "quien bien te quiere te hará sufrir".[2]

[1] Junta de Andalucía

10ª. Escribe un texto de 250 palabras eligiendo uno de los dos temas que te proponemos. Debes utilizar los conceptos aprendidos a lo largo de la unidad y puedes empezar con las frases siguientes:

- "La discriminación existe en todas las sociedades del planeta y..."
- "Cuando desperté me miré al espejo y descubrí que algo había cambiado. ¡Ya no soy una mujer! O ¡Ya no soy un hombre!..."

11ª. Una propuesta de investigación. Tal y como nos informan diariamente los medios de comunicación, la violencia contra las mujeres es la violación de los derechos humanos más universal de cuantas se producen en la actualidad. Presente en todas las sociedades del mundo con independencia del sistema político o económico, de la cultura, la religión, la clase social o la etnia. Busca información y datos sobre la violencia machista en España y, en particular, en tu región.

La respuesta al machismo es el **FEMINISMO**. Una persona es feminista cuando defiende la igualdad entre hombres y mujeres en cualquier situación, y sin excepción alguna. El feminismo es, pues, una teoría de la igualdad entre hombres y mujeres que denuncia la discriminación social, económica y política de la mujer. Por desgracia, se suele decir que el feminismo pretende la superioridad de la mujer sobre el hombre, pero como acabas de leer no es cierto: el feminismo no pretende invertir la relación de poder, sino eliminarla y colocar al hombre y a la mujer en una relación entre iguales. El feminismo es la lucha constante de todos en favor de la igualdad en todos los ámbitos.

- Entre un 15% y un 71% de las mujeres han sufrido violencia física o sexual infligida por su pareja en algún momento de sus vidas.
- De los 1.300 millones de personas que viven en la pobreza en el mundo, el 70% son mujeres.
- Diariamente, 1.600 mujeres y más de 10.000 recién nacidos mueren de complicaciones prevenibles del embarazo y del parto. Cerca del 99% de la mortalidad materna y del 90% de la mortalidad neonatal se produce en el mundo en desarrollo.
- De los 759 millones de personas adultas que no saben leer en la actualidad, 2/3 son mujeres.
- Solo el 2% de la propiedad mundial está en mano de mujeres[3].

[3] *Fuente: UN Department of Public Information, Violencia contra las mujeres, (11/2009)*

12ª. CRUCIGRAMA

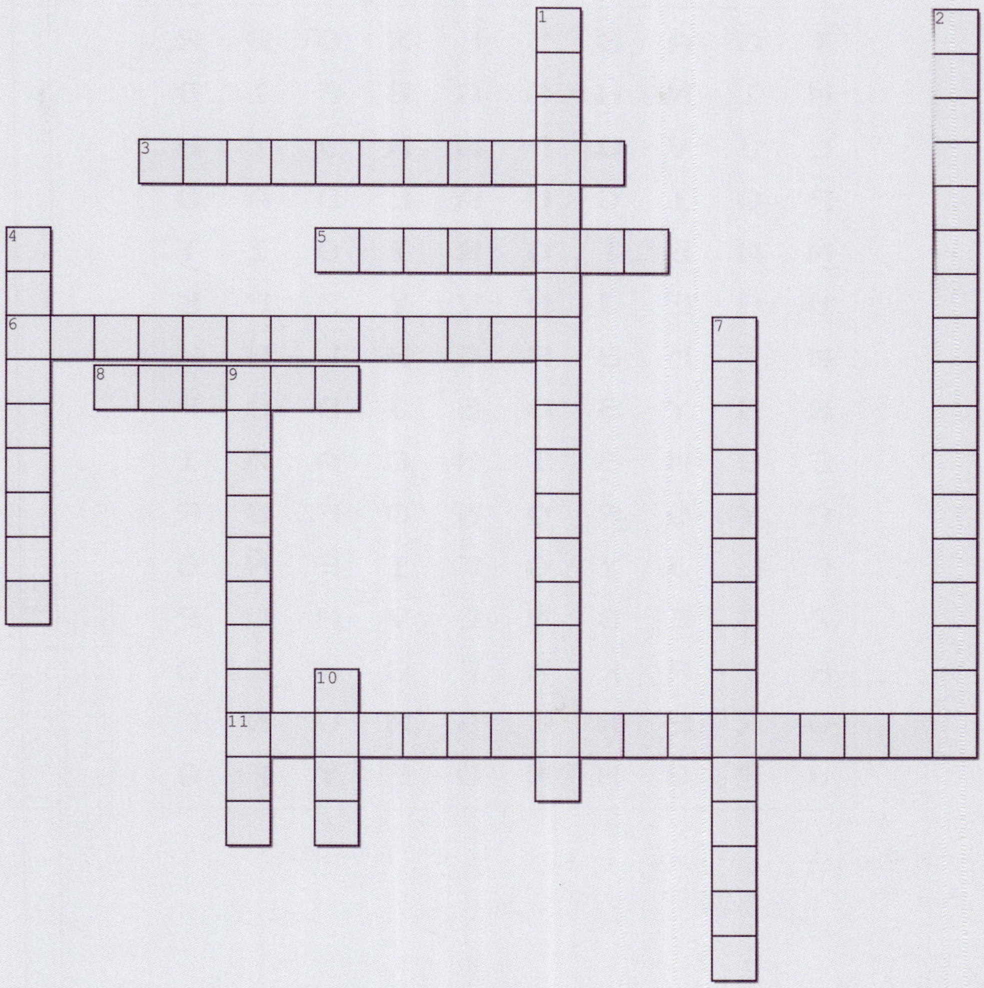

Horizontal

3. Conjunto de normas percibidas como propias por el hombre o la mujer. Palabra compuesta.
5. Ideología que defiende la superioridad del hombre sobre la mujer.
6. Discriminación machista de género en la vida cotidiana que suele pasar desapercibida.
8. Concepto del rol construido sobre hombres y/o mujeres.
11. Percepción subjetiva que un individuo tiene sobre sí mismo de pertenecer a un genero Palabra compuesta

Vertical

1. Reparto equitativo de las responsabilidades en la familia.
2. Toda violencia que se ejerce contra la mujer. Palabra compuesta.
4. Movimiento que tienen como fin defender los derechos e igualdad femeninos.
7. Defensa de la igualdad de hombre y mujer. Palabra compuesta.
9. Imagen tópica aceptada socialmente sobre un grupo.
10. Característica biológica que define al hombre y la mujer.

SOLUCIÓN

Horizontal
3: Roldegenero
5: Machismo.
6: Micromachismo.
8: Género.
11: identidaddegenero.

Vertical
1: Corresponsabilidad.
2: Violenciadegenero.
4: Feminismo.
7: Equidaddegénero.
9: Estereotipo.
10: Sexo.

13ª. Sopa de letras. Encuentra los siguientes conceptos: FEMINISMO, GÉNERO, IGUALDAD, MACHISMO, MUJER, PIROPO, ROL, SEXO.

T	G	A	B	S	E	X	O	B	R
M	I	Ñ	H	S	G	B	F	I	B
L	J	V	D	F	A	Ñ	J	Y	H
P	Q	I	G	U	A	L	D	A	D
Ñ	W	E	T	O	R	T	O	I	T
U	O	E	J	Ñ	V	Y	Z	P	K
M	T	M	B	P	G	H	L	H	K
R	S	Y	S	D	E	J	D	D	P
E	O	M	S	I	H	C	A	M	I
C	Y	U	R	Q	N	O	F	U	R
F	L	J	Y	O	F	I	F	Ñ	O
Z	B	E	B	Ñ	L	V	M	U	P
B	Y	R	K	H	F	C	N	E	O
O	R	E	N	E	G	M	U	N	F
J	P	Q	H	Ñ	D	E	Y	F	Q

SOLUCIÓN

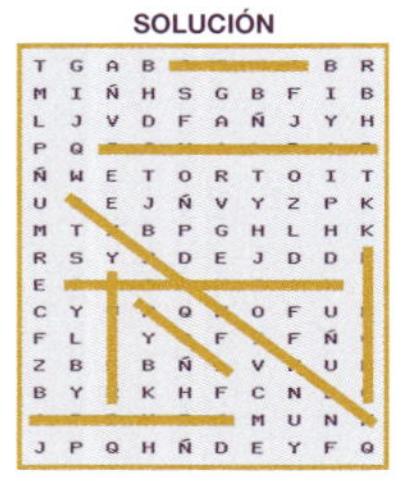

Textos

1º.

Si fuera costumbre mandar a las niñas a las escuelas e hiciéranles luego aprender las ciencias, cual se hace con los niños, ellas aprenderían a la perfección y entenderían las sutilezas de todas las artes y ciencias por igual a ellos...pues...aunque en tanto que mujeres tienen un cuerpo más delicado que los hombres, más débil y menos apto para hacer algunas cosas, tanto más agudo y libre tienen el entendimiento cuando lo aplican. Ha llegado el momento de que las severas leyes de los hombres dejen de impedirles a las mujeres el estudio de las ciencias y otras disciplinas. Me parece que aquellas de nosotras que puedan valerse de esta libertad, codiciada durante tanto tiempo, deben estudiar para demostrarles a los hombres lo equivocados que estaban al privarnos de este honor y beneficio. Y si alguna mujer aprende tanto como para escribir sus pensamientos, que lo haga y que no desprecie el honor sino más bien que lo exhiba, en vez de exhibir ropas finas, collares o anillos. Estas joyas son nuestras porque las usamos, pero el honor de la educación es completamente nuestro.

Cristina de Pizán (1364- 1430), *La ciudad de las damas*

1. Resume en una oración cuál es la intención de la autora de este texto.
2. ¿En qué época está escrito este texto?¿Cuál es la situación de la mujer que describe la autora? ¿Crees que conserva actualidad?
3. ¿Qué crees que quiere decir la autora con la afirmación: "Estas joyas son nuestras porque las usamos, pero el honor de la educación es completamente nuestro"?
4. Expresa tu opinión: Utilizando el texto de Cristina de Pizán como modelo elabora tu propio texto teniendo en cuenta la situación actual de la mujer.

2º

En ninguna de las tres religiones que constituyen la base de nuestra cultura mediterránea y buena parte de la cultura occidental -la católica, la musulmana y la judía- se concede a la mujer la equidad que exige la Declaración de los Derechos Humanos. En las tres religiones la mujer está sometida al hombre, en las tres la mujer no tiene voz, ni se oyen sus quejas ni sus lamentos, ni se castiga a quien la agrede , porque en las tres se considera un ser inferior. ¿Por qué si no, ninguna de las tres acepta que la mujer sea ministro de su dios? De ahí que aunque sea abominable el comportamiento brutal de tantos hombres y desoladora la aquiescencia de ciertas mujeres, lo verdaderamente lacerante, lo ominoso, es el machismo que impera en nuestra cultura, desde sus orígenes gracias al poder moral, económico y trascendental que se arrogaron esas religiones y que, aún hoy tienen o pretenden tener, esgrimiendo razones morales para defender la sumisión, el silencio, el sufrimiento de la mujer en aras de una estructura familiar y económica, y de un orden social piramidal, que sea por eso mismo controlable e inamovible. Ni el progreso, ni la riqueza, ni las leyes, ni los gobiernos democráticos logran acabar con esa lacra social que provoca cada año en España más víctimas que el terrorismo.

Quizás no pueden. O no saben. O no están interesados: el poder también emana de la cultura y la cultura, ya lo hemos dicho, es profundamente machista.

¿Cómo luchar pues, nosotros, ciudadanos que no tenemos poder de decisión en el destino de la sociedad, contra cuatro mil años de religión y cultura excluyente y cruel con la mujer?

Tal vez lo más fácil, lo que tenemos más a mano, sea tomar conciencia del dolor, la angustia, la soledad y la muerte que provoca la misoginia latente en nuestra cultura de la que casi ningún estamento social, ningún individuo, está exento. Tal vez no haya más remedio que echar mano y difundir un conocimiento no científico sino poético del problema, que consiga destruir el germen de esta infamia histórica y social tan arcaica. Pero frente a tanto poder y tanta iniquidad, lo más probable es que el único camino para una solución verdadera esté en un poema, una música, una canción.

Rosa Regás para el disco *Hijas de Eva* de Pedro Guerra

1. Busca el término "misoginia" en el diccionario y utilízala a continuación en una oración con la que expreses tu opinión.
2. ¿Qué argumentos aporta la autora para afirmar que vivimos en una "cultura machista"?
3. ¿Qué se puede hacer, según la autora, para luchar contra el machismo de nuestra cultura? ¿Se te ocurre alguna otra posibilidad? ¿Crees que transmite una actitud optimista o pesimista? ¿Por qué?

Reflexión teórica

Sexo y Género

Las personas cuando nacemos, nacemos con unas determinadas características biológicas, algunas de las cuales determinan cuál es nuestro sexo. El SEXO nos hacer ser machos o hembras de la especie. En cambio, cuando hablamos de GÉNERO hablamos de aquellos roles, conductas, actitudes y prácticas sociales que vienen marcadas por la CULTURA en la que vivimos. En función de nuestras condiciones biológicas (si somos machos o hembras de la especie), se nos otorga un género determinado. Los géneros habitualmente se dividen en "masculino" y "femenino", aunque algunas personas se niegan a aceptar el género que la sociedad les asigna en función de su sexo. En este último caso hablamos de transgénero.

Estereotipo y rol

Cuando nos hacemos una idea o imagen mental de un colectivo humano basada en la ignorancia, el miedo y la imaginación hablamos de un ESTEREOTIPO. Los estereotipos pueden afectar a diversos grupos humanos. Como has podido ver en esta unidad, existen estereotipos que se refieren al género y que establecen las características que "deben tener" o cómo "deben ser" las personas en función de su sexo.

A la imagen de lo femenino y lo masculino se asocian ROLES, es decir, los papeles que cada uno de nosotros supuestamente tenemos que representar en la sociedad. Dichos roles se nos otorgan de un modo automático, como si fueran naturales, pero eso no es así. Los roles los adquirimos a través de la cultura y la educación, en definitiva, de un modo social. Dado que no son naturales, nosotros los podemos revertir, modificar o evitar. Creer que existen determinadas profesiones que las chicas no pueden realizar, o que hay determinadas posiciones (por ejemplo, la de líder) que sólo pueden ser ocupadas por chicos son imágenes estereotipadas de hombres y mujeres.

Los estereotipos limitan nuestras posibilidades como personas para desarrollarnos libremente como tales y nos determina cuál debe ser el camino a seguir y lo que "debemos ser". Todos estamos de acuerdo en que deberíamos poder elegir quiénes queremos ser y que nadie debe decidir por nosotros.

Machismo y feminismo

Entendemos por MACHISMO el posicionamiento, actitudes y opiniones que discriminan a la mujer. El machismo considera a los hombres como superiores a las mujeres y actúa conforme a su falsa creencia. Como has visto a lo largo del tema, estas actitudes y opiniones se pueden observar en múltiples ámbitos: en la familia, en la escuela, en el trabajo, en los deportes, en los medios de comunicación, en la política... El machismo no es solo cosa de hombres, sino que esta misma actitud discriminatoria la asumen como propia muchas mujeres. Además, el machismo no solo afecta a las mujeres, sino que también es dañino para los hombres porque, del mismo que a las mujeres, se les exige cumplir con roles que pueden ser nocivos. El machismo no puede ser tolerado en ninguna de sus formas ya que es una conducta discriminatoria que va contra los derechos de las personas.

La VIOLENCIA DE GÉNERO o VIOLENCIA MACHISTA es la consecuencia más reconocible del machismo. Es la violencia física, psíquica o simbólica que se ejerce contra las mujeres por el mero hecho de ser mujeres. Como has visto a lo largo del tema este tipo de violencia se puede manifestar de muchas formas y en diferentes ámbitos como la familia, la pareja, el colegio o el trabajo, la publicidad...

El FEMINISMO no es la posición contraria u opuesta al machismo, sino que es la teoría, las actitudes y las opiniones que defienden la igualdad entre hombres y mujeres. Para que la igualdad entre mujeres y hombres sea efectiva es imprescindible adoptar mecanismos sociales, económicos, legales... que hagan realidad el proyecto político de la igualdad de todas las personas con independencia de su sexo.

PELÍCULA

PAGO JUSTO

Año: 2010

Duración: 113 min.

País: Reino Unido

Director: Nigel Cole

Reparto: Sally Hawkins, Bob Hoskins, Miranda Richardson, Geraldine James, Rosamund Pike, Andrea Riseborough, Daniel Mays, Jaime Winstone, Kenneth Cranham, Rupert Graves, John

Sinopsis: Historia basada en hechos reales

En el año 1968 en Gran Bretaña la Ford tiene 55.000 trabajadores hombres y 187 mujeres cosiendo las tapicerías de los coches. Las costureras trabajan en muy malas condiciones, exceso de calor en verano y frío y lluvia e invierno. Su sueldo sin embargo es sensiblemente inferior al de los hombres. Son especialistas pero les pagan como a obreras sin cualificación, pese a que han pasado un examen.

Estas mujeres protagonizaron la huelga más larga de Gran Bretaña para conseguir la igualdad de salario con los hombres. Con esta huelga comprometieron al gobierno y pusieron en jaque a la directiva de la empresa y los sindicatos, en los que sólo un sindicalista les apoya. El representante sindical les dice que si cobran menos es sólo porque son mujeres.

9 BIOÉTICA

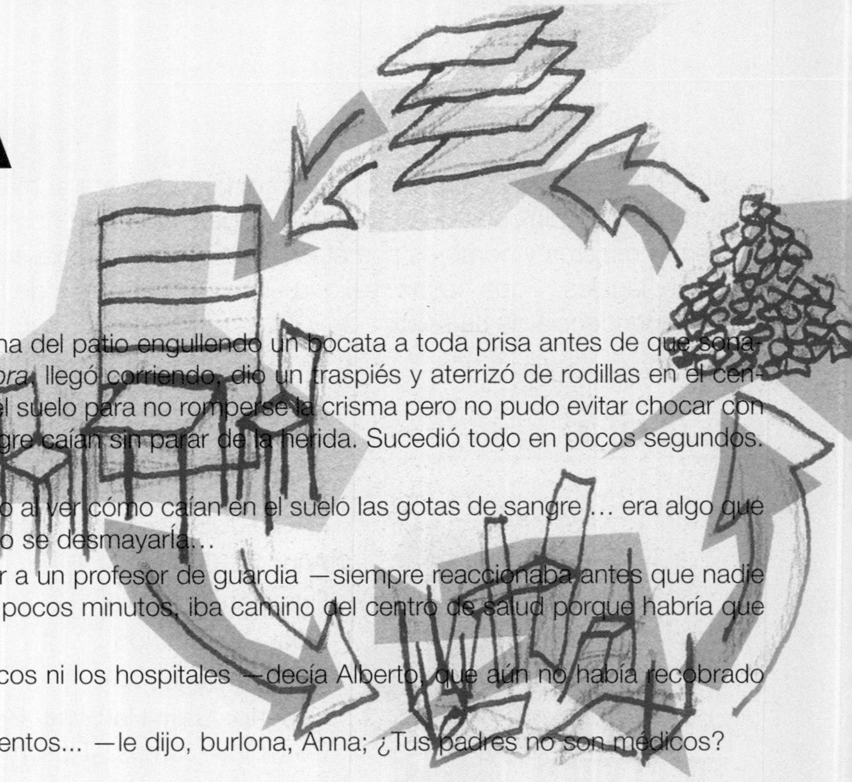

Estaban sentados en una esquina del patio engullendo un bocata a toda prisa antes de que sonara el timbre. Jaime, haciendo *el cabra*, llegó corriendo, dio un traspiés y aterrizó de rodillas en el centro del grupo, apoyó una mano en el suelo para no romperse la crisma pero no pudo evitar chocar con un escalón y abrirse la ceja. La sangre caían sin parar de la herida. Sucedió todo en pocos segundos. Empezaron a ponerse histéricos.

—Alberto se había puesto blanco al ver cómo caían en el suelo las gotas de sangre... era algo que no podía resistir... si seguía mirando se desmayaría...

—Alicia salió disparada a buscar a un profesor de guardia —siempre reaccionaba antes que nadie en situaciones de emergencia-. En pocos minutos, iba camino del centro de salud porque habría que ponerle puntos y alguna vacuna.

—No me gustan nada los médicos ni los hospitales —decía Alberto, que aún no había recobrado el color.

—Pues en tu casa estarán contentos... —le dijo, burlona, Anna; ¿Tus padres no son médicos?

—Sí. Mi madre es cirujana

—Oye —dijo Andrés, ¿no será una de esas que operan sin sangre? Ayer vi un reportaje en la TV sobre los testigos de Jehová: su religión les prohíbe recibir transfusiones de sangre.

—¿Qué dices, tío? Eso no puede ser... —dijo Alicia exaltada—. Cómo no van a querer transfusiones? ¿O sea, que si necesitan sangre en una operación no se la ponen y la palman, no? ¡Venga!,nadie puede negarse a eso ¿Estás loco o qué?, ¿Qué médico iba a aceptar eso...?

—Mi madre me explicó que sí, que hay médicos que defienden eso en su hospital, dijo Alberto. No que la palmen, sino aprender a operar así para que estas personas, y otras, puedan beneficiarse.

— ¿Ves, lista, ves...? —dijo Andrés mirando desafiante a Alicia

—Eso no puede ser —casi gritaba Alicia con indignación-. Yo quiero ser médico ¿sabes? y tengo clarísimo que mi deber es salvar la vida a la gente, no voy a dejar morir a alguien porque le ha dado la *bolada* de no aceptar una transfusión...

—Mi madre me explicó que hay unas normas para los médicos que les obligan no solo a salvar vidas sino también a respetar lo que los pacientes quieren, no son sólo los médicos quienes deciden: también los pacientes.

—No me lo creo, dijo Alicia —que estaba realmente afectada con el tema—, yo creo que la obligación del médico es salvar vidas, los pacientes no tienen nada que opinar, para eso se ha hecho médico y es él quién sabe qué es lo que más conviene en cada caso.

—En el reportaje decían que, para respetar las normas de la Bioética, los médicos deben tener en cuenta muchas cosas, entre ellas, la voluntad de los pacientes. Si no, *no están siendo éticos*.

—Bioética... ¿y eso qué es? Nunca había oído esa palabra —dijo Alicia, que no estaba dispuesta a dar su brazo a torcer.

—A cuarta hora tenían clase de Valores Éticos, plantearían el tema a ver qué sacaban en claro...

¿Cuál es el problema ético que plantea Andrés?

1. Completa las dos alternativas que se plantean en la historia inicial:
   a) La que plantea Alicia: Los médicos tienen el deber de salvar vidas porque...
   b) La que plantea Alberto: Los médicos tienen el deber de respetar lo que quieren los pacientes porque...
2. Define lo que crees que significa Bioética. Bios (vida). Ética (principios que dirigen la conducta humana)
3. ¿Por qué crees que se necesitan normas en la Bioética?

Actividades

La Bioética es una disciplina muy reciente que busca establecer la conducta correcta del ser humano respecto a la vida, tanto humana como no humana (animal y vegetal), así como al medio ambiente en el que es posible la vida.

Surge para resolver nuevos problemas **de tipo moral** que han aparecido en la sociedad actual como consecuencia del desarrollo y los avances tecnológicos **(armas biológicas, manipulación genética...)** Está en constante evolución. La bioética es multidisciplinar, es decir, que afecta a varias disciplinas: Filosofía, Derecho, Medicina, Biología, Genética, Psicología, Enfermería, Farmacia, Ecología...

1. PRINCIPIOS DE LA BIOÉTICA.

En 1978, el Código de Belmont establece los principios éticos por los que debe regirse la Bioética. Estos principios se basan en los Derechos Humanos y, como ellos, pretenden ser universales y se fundamentan en la dignidad del ser humano.

Los tres principios de la Bioética son:
- Principio de autonomía.
- Principio de Beneficencia.
- Principio de Justicia.

No será moralmente aceptable ninguna práctica que no respete estos principios.

A. PRINCIPIO DE AUTONOMÍA:

Obliga a respetar los valores personales de cada individuo así como sus decisiones en cuestiones que tienen que ver con su salud y su vida.

a). Relaciona mediante flechas los siguientes casos según la forma en la que no se ha respetado el principio de autonomía:

Aunque el paciente quería saber la verdad sobre su enfermedad, el médico para no preocuparle, le dijo que no estaba tan grave.	No tener en cuenta su opinión y someterlo a un tratamiento que no quiere.
No explicarle a un anciano por qué debe tomarse un medicamento pensando que no lo va entender.	No tener en cuenta su religión.
El paciente no quería operarse pero el médico insistió tanto que se operó contra su voluntad.	Tratar al enfermo como a un menor.
Hacer una transfusión a un paciente sin tener en cuenta sus creencias religiosas.	Engañarle contra su voluntad sobre el pronóstico de su enfermedad

b). Sin embargo, la aplicación de este principio no siempre es sencilla: hay personas que no son autónomas o tienen mermada su autonomía. Indica qué problema ves en las siguientes situaciones a la hora de aplicarlo:

a. No tiene capacidad para entender.

b. No ha entendido lo que se le dice pero sí tiene capacidad de entender si se le explica.

Andrés tiene diez años y no está de acuerdo con tomar las medicinas que el médico le ha recetado para la enfermedad que padece.	
El médico le informó con todo detalle de su enfermedad y de los riesgos que corría pero empleaba un lenguaje tan técnico que mi abuela no entendió nada.	

EL CONSENTIMIENTO INFORMADO PARA GARANTIZAR LA AUTONOMÍA

Antes de someterse a un acto médico o a un ensayo clínico el paciente tiene el derecho a ser debidamente informado antes de dar su consentimiento. El médico tiene la obligación de explicar de manera comprensible y de asegurarse de que el paciente le ha comprendido.

MAYORÍA DE EDAD SANITARIA: EL MENOR MADURO

(Capaz intelectual y emocionalmente de comprender el alcance de la intervención)

La mayoría de edad sanitaria no coincide en todos los casos con la mayoría de edad legal.

- A partir de los 12 años el menor debe ser oído aunque sea representado por padres o tutores.
- A partir de los 16 años el menor tiene capacidad para prestar por sí mismo el consentimiento a una intervención médica. Salvo las siguientes excepciones: cuando hay grave riesgo; ensayos clínicos; técnicas de reproducción asistida; interrupción voluntaria del embarazo; extracción y utilización de tejidos y sustancias corporales; cirugía transexual y esterilización; donación y utilización de embriones y fetos humanos y de sus células, tejidos y órganos; instrucciones previas.

B. PRINCIPIO DE BENEFICENCIA (Y NO MALEFICENCIA)

La medicina, **al igual que las demás disciplinas relacionadas con la vida,** tiene la obligación de hacer el bien, de no dañar. Pero respetando siempre el anterior principio de autonomía para que decida **el paciente** qué es lo que quiere hacer.

Ante el avance de la ciencia y la tecnología es necesario preservar la integridad física y psicológica de las personas, pues algunas técnicas y tratamientos tienen efectos secundarios que el paciente siempre debe conocer antes **de** tomar su decisión.

a) En la historia inicial, Alicia y Alberto tienen opiniones diferentes sobre lo que debe hacer un médico ¿Cuál de las dos posturas te parece que respeta más los principios de autonomía y de beneficencia? ¿Pueden respetarse ambos principios?

C. PRINCIPIO DE JUSTICIA:

Obliga a tratar a todas las personas por igual y a NO discriminarlas por ningún motivo. Establece que el reparto de cargas y beneficios debe ser equitativo y no debe haber ninguna discriminación en el acceso a los recurso sanitarios. Este principio pone límites al principio de autonomía, ya que vela para que la autonomía de un individuo no atente contra la vida, la libertad y demás derechos básicos de otra persona.

a). De las siguientes situaciones cuáles incluirías en cada una de as discriminaciones:

1. Enfermedades raras
2. Inmigrantes sin papeles
3. Ortodoncia
4. Terapias alternativas: homeopatía, acupuntura...
5. Dificultades derivadas del aprendizaje, dislexia, disgrafía.

	Discriminación por ser minoría
	Discriminación cultural
	Discriminación por marginalidad
	Discriminación económica
	Discriminación por no ser considerados problemas serios de salud

2. BIOÉTICA PARA LA INVESTIGACIÓN CIENTÍFICA

La investigación científica es necesaria para el avance de la humanidad. En ocasiones hay que experimentar con animales y también con humanos o con embriones para probar la eficacia o los beneficios de medicamentos, instrumental...

a). **Ordena** los pasos que se necesitaron para llegar al **descubrimiento de la penicilina**:

La penicilina fue el primer antibiótico empleado en medicina y su descubrimiento se debe a Alexander Fleming, en 1927:

Observación: Fleming observó que en una placa de cristal que había olvidado durante un tiempo cerca de la ventana había surgido una capa de moho. En esa placa también habían bacterias. La curiosidad le llevó a observarlas con el microscopio y descubrió que había zonas limpias de bacterias.

Investigaciones, pruebas ,y ensayos clínicos: tras la identificación del antibiótico, Fleming estaba convencido de su descubrimiento, pero dudaba de su aplicación en seres humanos, pero las numerosas pruebas y ensayos realizados le fueron dando cada vez mayor confianza para su aplicación en ensayos clínicos, donde ya intervienen seres humanos

Conclusión: se puede utilizar la penicilina como antibiótico en los procesos infecciosos.

Hipótesis: de este descubrimiento casual, Fleming planteó una hipótesis: si se ponía ese moho con las bacterias estas mueren. Primero identificó el moho como hongo de penicillium y la bacteria como staphylococcus.

1º.	2º.	3º.	4º.

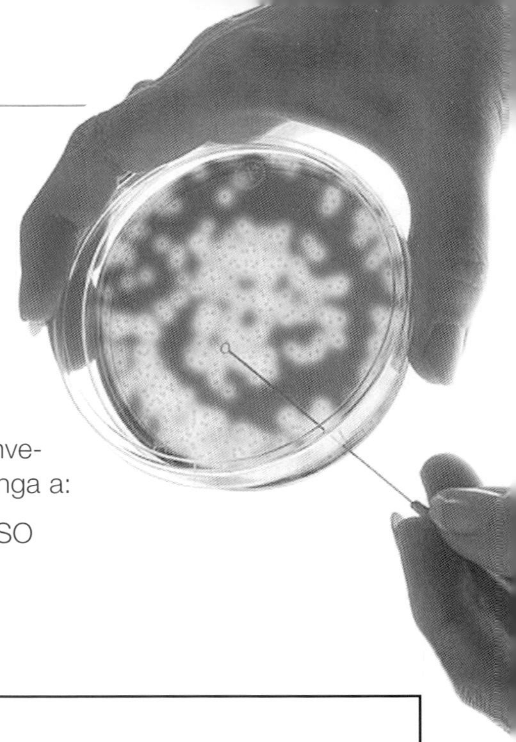

b). El anterior descubrimiento se realizó en 1927, antes de la creación de la Bioética ¿Qué pasos de los que se dieron crees que plantearían hoy problemas bioéticos? ¿Cuáles te parece que pueden plantear un problema ético? Razona tu respuesta teniendo en cuenta los riesgos y los posibles Beneficios.

c). Escoge de las siguientes razones las que creas más convenientes y ponlas en las casillas de la derecha según convenga a:

- NO HAY OTRA FORMA DE HACERLO Y ES BENEFICIOSO PARA TODOS.
- PODRÍA HACERSE DE OTRA FORMA.
- PRODUCE SUFRIMIENTO Y NO ES NECESARIO.

Los biólogos están investigando una vacuna contra la malaria. De momento están experimentando con chimpancés en el laboratorio. Después de muchas pruebas y de que muchos animales enfermaran y murieran, han conseguido el éxito. Ahora van a hacer las mismas pruebas pero con seres humanos.	
Respecto a las pruebas en humanos de la vacuna contra la malaria en experimentación se ha decidido probarla con presos.	
Algunos laboratorios de cosmética experimentan con animales para averiguar el nivel de toxicidad que tienen los productos que utilizan.	
Investigar con células madre de embriones, puede ayudar a los científicos a entender por qué algunas células se desarrollan anormalmente y conducen a problemas médicos tales como anomalías congénitas y cáncer. Esto podría ayudarles a aprender cómo prevenir algunas de estas enfermedades.	

d). Por grupos buscad alguna noticia relacionada con avances científicos y tecnológicos (Genoma humano, transgénicos, clonación...) y realizad un mural en la clase con todas ellas.

Redacción. De 200 palabras sobre los beneficios que crees que aportan los avances científicos y tecnológicos:

Por ejemplo: Mayor calidad de vida; curación de enfermedades; mejoras en el instrumental quirúrgico. También señalar alguno de los problemas que generan.

3. PROBLEMAS ÉTICOS DE LA EXPERIMENTACIÓN CON ANIMALES

a). Valora de más a menos aceptables las siguientes situaciones y explica por qué:

valoracion	SITUACIONES	¿por qué?
	Marta se ha cansado de tener un perro y va a sacrificarlo.	
	Los biólogos necesitan experimentar la posible vacuna contra el sida con animales antes de asegurar que no tiene riesgos.	
	El año pasado se sacrificaron en España medio millón de visones para hacer abrigos de piel.	
	No importa cómo transporten a los animales que van a ser sacrificados... total, los van a matar.	
	Vicente se ha hecho vegetariano: dice que pudiendo alimentarse sin matar animales, le parece un crimen matar para comer?	

b). ¿Crees que los zoos y las carreras de caballos también son forma de maltrato animal?

4. BIOÉTICA PARA CUIDAR EL MEDIOAMBIENTE

Nuestra forma de vida está teniendo unas consecuencias no deseables en el medio ambiente. El ritmo de vida actual no es sostenible, dicen los expertos. Somos poco cuidadosos con el equilibrio ecológico y ello está originando serios problemas para la vida en el planeta. Está en serio peligro la calidad de vida de las generaciones actuales y también de las futuras.

Somos responsables del impacto que nuestra forma vida tenga en el planeta porque si no medimos sus consecuencias, ponemos en riesgo nuestra calidad de vida, la de los otros seres vivos del planeta y también la de las generaciones futuras.

a). Une con flechas y relaciona las siguientes situaciones con los efectos negativos que tienen en el planeta y con la posible solución de los mismos:

situaciones	perjudica porque:	se solucionaría con:
Utilización de aparatos de aire acondicionado	Eleva el consumo de agua	Agricultura ecológica
Construcción de piscinas particulares en las casas	Consume mucha energía eléctrica, lo que hace que se emita más CO2 a la atmósfera y se agrave el calentamiento global.	Aumentar los transportes públicos y colectivos
Utilización masiva de transporte individual	Aumenta la contaminación del aire y el consumo de recursos energéticos	Obligación de controlar las emisiones tóxicas
Utilización de productos químicos (pesticidas, herbicidas...) en la agricultura	Pérdida de especies animales y vegetales y desequilibrios en los ecosistemas	Reciclado de residuos
Industrias que vierten residuos tóxicos	Acumulación de basuras	Limitaciones de temperatura en los aparatos
Consumismo	Contaminación de ríos y mares	Piscinas públicas y compartidas

b). Hemos visto a lo largo del tema los diferentes ámbitos en que es necesario aplicar la bioética. Realiza un esquema de todos ellos y expresa la razón por la que crees que es necesario aplicar normas.

5. Sopa de letras. Encuentra los siguientes conceptos: CUIDADO ,DERROCHE, EUTANASIA, EXPERIMENTO, MANIPULACIÓN, RECICLAJE, RESPETO, TOXICO, VIDA

L	X	I	O	C	I	X	O	T	L
J	Q	Y	V	O	G	M	U	N	H
T	C	D	Q	T	L	Q	A	G	E
N	A	V	I	N	F	D	J	R	J
O	A	I	E	E	D	E	O	E	A
I	O	D	U	M	I	R	D	W	L
C	T	A	T	I	E	R	A	P	C
A	E	J	A	R	Q	O	D	B	I
L	P	C	N	E	P	C	I	O	C
U	S	Z	A	P	U	H	U	V	E
P	E	F	S	X	Q	E	C	S	R
I	R	S	I	E	F	D	Ñ	V	M
N	N	T	A	U	E	Z	K	M	J
A	Ñ	S	T	G	G	L	A	T	Ñ
M	O	S	T	O	U	H	O	L	O

SOLUCIÓN

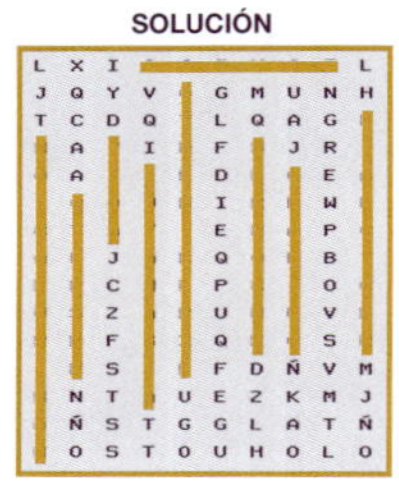

6ª. CRUCIGRAMA

Horizontal

4. Actitud protectora hacia alguien que es considerado inferior o incapaz.
6. Manipulación de un objeto para que vuelva a ser útil.
8. Aprobación o permiso para que se realice alguna cosa.
11. Leyes que regulan los fenómenos relativos a las ciencias de la vida y a la medicina.
12. Muerte feliz, provocada sin dolor o sufrimiento psíquico.

Vertical

1. Acciones para probar la verdad de una teoría.
2. Se dice de la persona que no ha llegado a la edad adulta legal.
3. Trato desigual a una persona o colectividad.
5. La posibilidad de hacer el mal a alguien en las acciones médicas
7. La obligación de hacer el bien en las acciones médicas.
9. Se dice de lo que respeta el medio ambiente.
10. Persona capacitada para decidir por sí misma.

SOLUCIÓN

Horizontal
4: Paternalismo.
6: Reciclaje.
8: Consentimiento.
11: Bioderecho.
12: Eutanasia.
Vertical
1: Experimento.
2: Menor.
3: Discriminación.
5: Maleficencia.
7: Beneficencia.
9: Ecológico.
10: Autónoma.

Textos

1º

TE PROPONEMOS ESTA VEZ EL VISIONADO DEL "**SECRETO MEJOR GUARDADO**" INCLUIDO EN EL DOCUMENTAL "EN EL MUNDO A CADA RATO".

1. ¿Qué principios de la bioética se respetan y cuáles no?: justicia, igualdad, autonomía, beneficencia. Razona tu respuesta poniendo los ejemplos del documental.

2º:

"Contribuir al futuro de la especie humana promoviendo la formación de una nueva disciplina, la disciplina de la bioética.

Si existen dos culturas que parecen incapaces de hablar entre sí, -las ciencias y las humanidades- ,y si ésta es en parte la razón de que el futuro se vea dudoso, entonces, tal vez podríamos construir un puente hacia el futuro construyendo la disciplina de la bioética como un puente entre las dos culturas". (Pooter)

1. ¿Crees que es necesario construir este puente?

Reflexión teórica

QUÉ ES LA BIOÉTICA:

La Bioética es una disciplina nueva que surge para dar respuesta a nuevas situaciones generadas por los grandes avances de las llamadas ciencias de la vida: Medicina, Biología, Genética, Psicología, Enfermería, Farmacia, Ecología...

Los avances en estas ciencias han generado problemas morales que las diferentes legislaciones no tenían previsto cómo resolver

HISTORIA: MOMENTOS CLAVE

Desde finales del S.XX una serie de acontecimientos que hacen que la opinión pública preste atención a los nuevos problemas éticos que plantean las ciencias de la vida.

Los acontecimientos políticos y sociales de la Europa de hace muy poco tiempo desembocaron en la II Guerra Mundial con el resultado de 60 millones de muertos. La conciencia moral quedó conmovida por la guerra y por las atrocidades cometidas con seres humanos —supuestamente para la investigación científica y el avance de la ciencia— en los campos de exterminio nazis. Estas atrocidades, reveladas en el juicio de Nuremberg, dieron lugar a la creación del primer código que regulaba la investigación con seres humanos. Se llamó **Código de Nüremberg** y fue redactado en Alemania en **1948**.

En 1978 se publica el Informe Belmont. Este documento es considerado la **carta de identidad de esta nueva disciplina**, los principios contenidos en ella se harán extensivos a toda la bioética

BASE MORAL DE LA BIOÉTICA:

La Bioética, como los Derechos Humanos, se basa en una **moral cívica** (conjunto de valores que una sociedad democrática comparte) que asume la la idea kantiana de que todas las personas merecen la misma y absoluta consideración y respeto: según ello, las normas que adopten las instituciones sociales deben establecer unos **mínimos morales exigibles a todos**, independientemente de creencias particulares. Es lo que se conoce también como **ética de mínimos.**

Hans Jonas, en su obra *El principio responsabilidad. Ensayo de una ética para la civilización tecnológica* (1979), habla de un **nuevo imperativo ético** que expresa el deber de las actuales generaciones hacia las generaciones futuras.

PRINCIPIOS DE LA BIOÉTICA

Desde la base de la moral cívica y los Derechos Humanos, la Bioética establece unos **principios fundamentales.**

Principio de no maleficencia.

Este principio ya se formuló en la medicina hipocrática: *Primum non nocere*, es decir, **ante todo, no hacer daño al paciente**. Se trata de respetar la integridad física y psicológica de la vida humana. Es relevante ante el avance de la ciencia y la tecnología, porque muchas técnicas pueden acarrear daños o riesgos.

Principio de beneficencia.

Se trata de la **obligación de hacer el bien**. Es otro de los principios clásicos hipocráticos. El problema es que hasta hace poco, el médico podía imponer su propia manera de hacer el bien sin contar con el consentimiento del paciente (modelo paternalista de relación médico-paciente). Por lo tanto, actualmente este principio viene matizado por el respeto a la autonomía del paciente, a sus valores, cosmovisiones y deseos. No es lícito imponer a otro nuestra propia idea del bien.

Principio de autonomía o de libertad de decisión.

Se puede definir como la obligación de respetar los valores y opciones personales de cada individuo en aquellas decisiones básicas que le atañen vitalmente. Supone el derecho incluso a equivocarse a la hora de hacer uno mismo su propia elección. De aquí se deriva el **consentimiento libre e informado** de la ética médica actual.

Principio de justicia.

Consiste en el **reparto equitativo** de cargas y beneficios en el ámbito del bienestar vital, **evitando la discriminación en el acceso a los recursos sanitarios**. Este principio impone límites al de autonomía, ya que pretende que la autonomía de cada individuo no atente a la vida, libertad y demás derechos básicos de las otras personas.

Se pueden plantear conflictos no sólo entre miembros coetáneos de un mismo país, sino entre miembros de países diferentes (p. ej., acceso desigual a recursos naturales básicos), e incluso se habla de justicia para con las generaciones futuras.

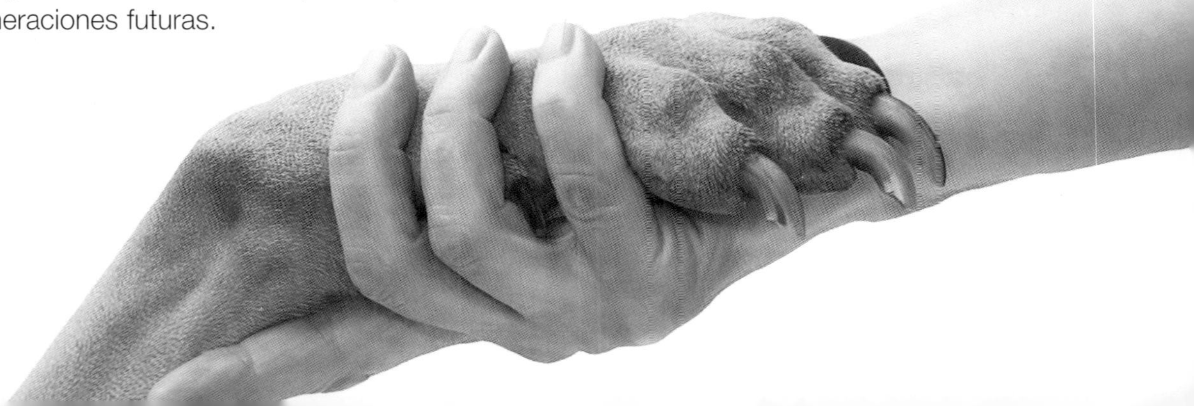

EN LA PRÁCTICA:.

COMITÉS DE ÉTICA EN LOS HOSPITALES, son los encargados de llevar a la práctica y garantizar que se cumplan los principios de la bioética. Están constituidos por grupos de persona con diversas competencias y experiencias. Tiene tres funciones básicas:

- **Función de decisión** frente a situaciones-tipo para las que la legislación no ha previsto ninguna reglamentación y que no podrían resolver exclusivamente los médicos o investigadores.
- **Función de información y formación** dirigida a los médicos, al personal sanitario, a los pacientes y a las familias de los enfermos.
- **Función de consulta** para las autoridades médicas, administrativas y morales de los hospitales.

PELÍCULA

LA DECISIÓN DE ANNE (My Sister's Keeper)

Año: 2009.

Duración: 106 min.

País: Estados Unidos.

Director: Nick Cassavetes.

Sinopsis: La vida de Sara (Cameron Diaz) y Brian Fitzgerald (Jason Patric) cambia radicalmente cuando a su hija Kate (Vassilieva), de dos años, le diagnostican una leucemia. Sara abandona entonces su carrera de abogado para entregarse al cuidado de la niña. La única esperanza de salvación es recurrir a la ingeniería genética para tener otro hijo. Así es como nace Anne (Breslin). Entre ella y Kate se establece una relación muy estrecha, sobre todo porque ambas tienen que someterse a diversos tratamientos médicos y compartir largas estancias en el hospital. Sin embargo, cuando Anne cumple once años contrata a un abogado (Baldwin) para emanciparse médicamente.